Thomas Mann verlangte seine Brille, Nikolai Gogol
eine Leiter, Alfred Jarry einen Zahnstocher. Die Tiefen des menschlichen Begehrens sind manchmal un-
ergründlich, vor allem kurz vor dem Tod. Hans Halter
aber bringt in seinen kurzen Porträts, die die letzten
Momente und letzten Worte berühmter Persönlichkei-
ten schildern, Licht ins Dunkle. Von Marlene Dietrich
bis Che Guevara, von Karl May bis van Gogh – Halter
zeigt, dass die letzten Worte eines Menschen oft ein
ganzes Leben auf den Punkt bringen. Und widerlegt
damit Karl Marx, der auf dem Sterbebett überzeugt
war: »Letzte Worte sind etwas für die törichten Leute,
die nicht genug zu sagen gehabt haben.«

Hans Halter, Jahrgang 1938, arbeitete zunächst als
Arzt, ehe er dreißig Jahre lang als Autor und Reporter
für den *Spiegel* tätig war. Er ist Verfasser von rund
zwanzig Büchern, darunter dünnen (über Haare), ab-
seitigen (über Alkohol), ganz dicken (ADAC-Gesund-
heitsbuch) und polemischen (*Krieg der Gaukler*). Er
lebt in Berlin.

Hans Halter

ICH HABE MEINE SACHE HIER GETAN

*Leben und letzte Worte
berühmter Frauen und Männer*

Berliner Taschenbuch Verlag

FSC
Mixed Sources
Product group from well-managed
forests and other controlled sources

Cert no. SGS - COC - 2061
www.fsc.org
© 1996 Forest Stewardship Council

Juni 2010
BvT Berliner Taschenbuch Verlags GmbH, Berlin
© 2010 Dr. Hans Halter
Die Originalausgabe erschien
2007 © Berlin Verlag GmbH, Berlin
Bloomsbury Berlin
Umschlaggestaltung: Rothfos & Gabler, Hamburg,
unter Verwendung einer Fotografie von © Getty Images
Druck und Bindung: Clays Ltd, St Ives PLC
Printed in Great Britain
ISBN 978-3-8333-0677-8

www.berlinverlage.de

Vorwort

Als Graf Agénor von Gasparin im Sterben lag, 1871 in Genf, tröstete ihn die Gräfin: »Mein lieber Agénor, ich werde dir folgen.« Mit letzter Kraft flüsterte der liebe Agénor: »Valerie, liebe Valerie, aber nein. Du weißt, ich mag es, wenn du vor mir gehst.« Von dem einst populären Schriftstellerpaar ist uns – c'est la vie – nichts geblieben, nur dieses letzte Wort. Verdient es bewahrt zu werden? Und wie steht es mit dem folgenden Satz? Vom Priester ermahnt, dem Teufel abzuschwören, erklärt der Sterbende: »Ich glaube nicht, dass jetzt der richtige Moment ist, sich neue Feinde zu machen.« Die Sentenz wird – mindestens – sechs Sterbenden verschiedener Epochen und unterschiedlicher Sprachen zugeschrieben. Dieses letzte Wort lebt, weil es so schön auf dem schmalen Grat zwischen Bonmot und Kalauer balanciert.

Der Mensch, womöglich das einzige irdische Lebewesen, das von seinem Tod weiß, und das einzige, das seine Toten bestattet, trägt schwer an der Furcht vor Sterben und Tod. Die religiösen und philosophischen Beschwichtigungsformeln helfen in der westlichen Zivilisation immer weniger. Die meisten Menschen glauben, dass der Tod das Ende, nicht eine Verwandlung sei, also ein Schritt ins Leere, nicht ins Eigentliche.

Immerhin: Dass alle Menschen sterben müssen, wird als Gerechtigkeit empfunden, womöglich als die einzige Gerechtigkeit des ganzen Lebens. Die gewissenhafte Vorbereitung auf das »letzte Stündlein« hingegen, einst Herz der religiösen Kultur nicht nur im Abendland, ist passé. Das heißt freilich nicht, dass unsere Gesellschaft Sterben und Tod zum Tabu gemacht hat. »Freund Hein«, wie der Tod früher zutraulich genannt wurde, macht sich nur rar. Gewöhnlich hat ein erwachsener Deutscher noch nie einen Toten gesehen, geschweige denn, dass er beim Sterben dabei war. Neun von zehn Menschen sterben im Krankenhaus, einer Institution, der einvernehmlich die Fürsorge für die Sterbenden obliegt, und neun von zehn Menschen gehen ohne »letztes Wort«.

Das hat viele Gründe. Wer ohne Bewusstsein ist, weil die Natur der Erkrankung (z. B. Schlaganfall), die ärztliche Therapie (Narkose), das hohe Alter oder die rabiate Gewalt des Unfalls Verstand und Sprache nehmen, kann am Ende nichts sagen, höchstens etwas ganz Banales. Andererseits: Erfreulicherweise werden die üblen Situationen, wo zwischen Leben und Sterben nur hellwache Minuten liegen – im Krieg, vor der Hinrichtung oder dem Freitod –, in unserer Gesellschaft seltener, und damit auch die einschlägigen letzten Worte. Und schließlich: Die Mehrzahl der letzten Worte verweht folgenlos. Niemand notiert sie.

Als ich vor Jahrzehnten in der katholischen Bischofsstadt Eichstätt als Assistenzarzt im Städtischen Krankenhaus zu arbeiten begann, starb am dritten Abend mein erster Patient. Er war alt, ein Kleinbauer von der Alb, der Kapuzinerpater hatte ihm die Letzte Ölung gegeben, medizinisch war nichts mehr zu tun. Im Sterbezimmer brannte die Kerze, eine Nonne saß am Kopfende und sprach ganz leise die Totengebete. Vom Arzt erwartete man, dass er sich zurückzog – aber das wusste ich nicht. Nach zwanzig Minuten ging ich noch mal in das Sterbezimmer und fragte den Kranken: »Wie geht's denn?« Der alte Mann öffnete die Augen und sagte: »Geht schon.« Dann starb er.

Es hat Jahre gedauert, bis mir zu dämmern begann, dass in diesem letzten Wort das Leben und die Haltung des Patienten sich verdichteten. »Geht schon«, das war sein Selbst, die Wahrheit und sein Credo. Der Mann war alt, er war arm, während beider Weltkriege stand er im Feld. Das alles hatte er doch nur überleben können, weil er auf bayerische Weise sozialisiert war und sein fester Charakter ihm auch in der Sterbestunde Halt gab. »Geht schon.«

Das ist immer so? Gewiss nicht. Aber es geschieht doch häufig, dass das Wesen eines Menschen und sein letztes Wort auf frappierende Weise zueinander passen. In diesem Buch finden sich dafür zahlreiche Belege. Weil die letzten Worte so genau als möglich recherchiert und wiedergegeben wurden, kann man übrigens auch die Gegenargumente aufspüren. Die kurzen einleitenden Texte zu Leben, Werk und Todesumständen erschienen mir dabei unverzichtbar. Leben und letzte

Worte sind ein Kontinuum. Oft, so ist zu hoffen, geht von ihnen sogar Zuversicht aus, Verblüffung, womöglich – wie beim Graf von Gasparin – heitere Ironie.

Der Tod ist uns gewiss, die Stunde ungewiss. Hier ist zu lesen, wie in mehr als dreitausend Jahren überlieferter Menschheitsgeschichte das jeweils letzte Stündlein ausklang. Das Buch ist kein Plädoyer gegen den schnellen, unvermuteten und schmerzlosen Tod, der die Geschichte um ein weiteres letztes Wort bringt. Natürlich darf man als Motorradfahrer mit den Haaren im Wind sterben wollen, als Großvater in den Armen der Geliebten des Enkels oder hübsch philosophisch darauf hoffen, man werde im Gehen sterben, ohne im Sand eine Spur zu hinterlassen.

Zumindest daraus wird aber nichts werden. So bleibt immer Hoffnung für ein letztes Wort.

Hans Halter

KONRAD ADENAUER (1876–1967)

wurde mit 73 Jahren der erste Kanzler der Bundesrepublik Deutschland und blieb es von 1949 bis 1963, vierzehn Jahre lang. Er war ein waschechter Kölner, gut katholisch, als Politiker ein trickreicher Realist, als Redner ein begabter Demagoge, privat der fürsorgliche Patriarch einer Großfamilie. Seine Gesundheit war bis ins hohe Alter allen Belastungen gewachsen. Seit Anfang des Jahrhunderts Kommunalpolitiker, hatte er sechzig Jahre lang alle Anfeindungen heil überstanden, darunter mehrere (kurzfristige) Verhaftungen während der Nazizeit, die er als pensionierter Rosenzüchter in Rhöndorf bei Bonn überdauerte. Seine großväterliche Attitüde gefiel den Nachkriegsdeutschen, auch die alliierten Sieger gewöhnten sich an den hageren, trinkfesten Rheinländer aus der Kaiserzeit. Während Adenauers Regierung ging es mit Westdeutschland erkennbar bergauf, aus den westlichen Siegermächten wurden nach und nach Freunde, aus den Trümmern keimte das Wirtschaftswunder. 1957 holte der damals 81-jährige Adenauer für die CDU/CSU die absolute Mehrheit in einer Bundestagswahl; das ist später niemandem mehr gelungen.

Clever hatte der alte Herr 1948/49 dafür gesorgt, dass Bonn die neue »provisorische« Hauptstadt wurde –

sie lag praktischerweise vor seiner Haustür. Adenauer, 1948 zum zweiten Mal verwitwet, regierte die »rheinische Republik«, ohne sein eigenes Wohl aus dem Auge zu verlieren. Auch seine Kinder und deren Familien samt zahlreicher Enkel behielt er stets im Blick. In ihrem Kreis verbrachte er 1967 seinen 91. Geburtstag, aufrecht wie immer und guter Dinge. Wenige Wochen später, kurz nach Ostern, erlitt er einen leichten Herzinfarkt, den er zu Hause auskurieren wollte. Doch sein Zustand verschlechterte sich durch Kreislauf- und Lungenkomplikationen. Konrad Adenauer wusste, dass es zu Ende ging. Als sich die Familie zum Abschiednehmen um sein Sterbelager versammelte, wurde er noch einmal wach, fasste seine weinenden Nachkommen ins Auge und sagte auf gut Kölsch:

»Do jitt et nix zo kriesche.«
[Da gibt es nichts zum Weinen.]

ALEXANDER DER GROSSE (356–323 v. Chr.)
Dieser griechische Feldherr und König fürchtete weder Tod noch Teufel. Stets ritt er vorneweg in die Schlacht, überlebte ein halbes Dutzend ernster Verwundungen und hielt sich am Ende seines kurzen Lebens für einen unsterblichen Gott. Das war eine Fehleinschätzung

und wohl schon eine Folge seines exzessiven Alkoholismus, der ihm das Leben kostete. Vorher hatte der kleine (1,60 Meter), jähzornige Makedonier 13 Jahre Krieg geführt. Als Eroberer ist er unübertroffen: Vom kleinen Griechenland aus warf er das vielfach größere Reich der Perser nieder, drang bis zu den heutigen Ländern Afghanistan, Pakistan und Indien vor, und wenn seine Fußtruppen nicht nach 4000 Kilometer Vormarsch an den Heimweg gedacht hätten, würde sein griechisches Weltreich womöglich dauerhaften Bestand gehabt haben. Aber ohne seine Elitetruppen ging es nicht weiter voran. Diese makedonische Phalanx kämpfte mit fünf Meter langen Stoßlanzen (»Sarissen«), sie trat, wenn die Schlacht es gebot, in bis zu 16 beweglichen Reihen hintereinander an und war de facto unbesiegbar. Pardon wurde nicht gegeben, denn der König war ein Raubein – trotz seiner guten Erziehung: Immerhin hatte sich der berühmte Philosoph Aristoteles um die Bildung des Thronfolgers bemüht. Zu Hause, am Königshof im nordgriechischen Pella, ging es dagegen stets rau und rüde zu. Alexanders Vater König Philipp II. wurde ermordet, die Mutter gesteinigt, seine Stiefmutter vor ihrem Selbstmord auf einem glühenden Rost gefoltert.

Kein Wunder, dass der junge Feldherr im Wein Vergessen und Erlösung suchte. Vier Liter galten als sein Tagesquantum. Wenn es aber etwas zu feiern gab, war die Volltrunkenheit Brauch. Beim letzten Mal, im Hafenquartier von Babylon, versuchte der Weltherrscher auf einen Sitz, also »ex«, fünf Liter Rotwein zu trinken, schaffte es nicht, fiel in Ohnmacht und lag danach zehn Tage lang auf den Tod danieder. Wahrscheinlich litt er an einer akuten Entzündung der Bauchspeicheldrüse (Pankreatis), vielleicht hatte auch die vorgeschädigte Leber ihre Arbeit eingestellt (Leberzirrhose). Im letzten wachen Moment fragten die ratlosen Begleiter, wer denn sein Nachfolger werden solle, denn einen regierungsfähigen Erben gab es nicht. Alexander antwortete:

»Der Stärkste.«

Daraus wurde nichts. Fünf seiner Feldherren teilten das eroberte Großreich unter sich auf. Seitdem gibt es den Begriff der »Diadochen« – und der Diadochenkämpfe.

ZAR ALEXANDER II. (1818–1881)

Zar aller Reußen zu sein, das war jahrhundertelang ein Himmelfahrtskommando. Nur selten starb ein russischer Kaiser friedlich im Bett. Immer fanden sich Untertanen, die Seiner Majestät Gift ins Essen mischten, auf ihn schossen, ihn erdrosselten, mit Bomben oder Dolchen nach dem Leben trachteten. Angesagt war – von wechselnden Tätergruppen – Palastrevolution oder die richtige Revolution, der Bürgerkrieg, ein »unbarmherziger Krieg bis zum letzten Blutstropfen«, so die Geheimgesellschaft »Volkswille«.

Bei Alexander II., einem seit 25 Jahren regierenden Autokraten mit gewaltigem Backenbart und ganz vielen Kindern, gab sich der Exekutivausschuss des Volkswillens besondere Mühe. Die kleine Guerillatruppe, 23 junge Männer und Frauen, empfand sich als Avantgarde der rund 100 Millionen Russen. Von denen führten die allermeisten als Bauern ein kümmerliches Leben, allerdings zarentreu und streng orthodox. Die Attentäter waren meist abgebrochene Studenten, auch wohlhabende Erben, manche technisch sehr talentiert. Dank großzügiger Spenden von Sympathisanten hatten sie rund 100 Kilogramm Dynamit nach Russland geschmuggelt. Siebenmal versuchte der Volkswille, den Zaren durch eine Landmine in die Luft zu sprengen – erfolglos. Anfang 1881 beschlossen die Verschwörer beim nächsten Attentat Mine, Bomben, Pistolen und Dolche zu kombinieren. Das Kommando übernahmen zwei Frauen. Aus leeren Petroleumkannen bastelten die Waffennarren vier je fünf Pfund schwere Bomben, die von Hand geschleudert wurden. Vier Studenten, 19 bis 26 Jahre alt, setzten die selbstmörderische Attacke bei einer Kutschfahrt des Zaren in seiner Residenzstadt Sankt Petersburg am Sonntag, dem 1. März 1881, ins Werk. Bevor die zweisitzige Kutsche, beschirmt von sechs berittenen Kosaken, auf dem Kai des Jekaterinenkanals sichtbar wurde, gab der erste Terrorist auf und ging nach Hause. Der zweite schleuderte seine Bombe und verletzte den Zaren leicht und sich selbst schwer. Der Kaiser stieg aus und besah sich fünf Minuten lang Tatort und Täter, dem er mit dem Finger drohte. Der Zeitverzug gab dem dritten Täter Gelegenheit, dicht heranzutreten und seine Sprengstoffkanne zu schleudern. Diesmal wurde der Zar tödlich verwundet. Der vierte Attentäter eilte herbei, unterm Arm seine Bombe, und half, den blutenden Monarchen in eine Kutsche zu legen. Zar Alexanders linker Fuß war abgerissen, das Gesicht zerstört. Er blutete so stark aus mehreren Wunden, dass sich unter der Kutsche der Schnee rot färbte. Um ihn herum waren zwanzig Menschen verletzt oder tot. Undeutlich stammelte er:

»Bringt mich ins Schloss, und da ... sterben.«

Im Palast spendete ein Erzpriester dem 62-Jährigen die Sterbesakramente. Die ganze Großfamilie kniete um sein Bett, auch sein Nachfolger. Der bewusstlose Alexander starb.

Den »Nihilisten«, wie man die Täter nannte, wurde der Prozess gemacht. Sie starben am Galgen, vier Wochen nach der Tat. Weil rund 100 000 Petersburger der Hinrichtung zusahen, ist vielfach bezeugt, dass bei dem 21-jährigen Timofej Mikailow der Strick zweimal riss. Der Mann wurde, entgegen allem Brauch, trotzdem nicht begnadigt. Dabei war er jener Nihilist, der vor der Tat mit seiner Bombe unverrichteter Dinge wieder nach Hause gegangen war.

ETHAN ALLEN (1738–1789)

Das Leben in den Wäldern von Vermont bot einem unruhigen Mann wenig Abwechslung. Die Region im Nordosten Amerikas hatte zu Allens Zeit gerade mal 80 000 Einwohner, von denen gut 1000 in der größten Stadt lebten. Jeder kannte jeden. Deshalb beriefen die Siedler im Jahr 1775, als man sich gegen die englischen Kolonialherren auflehnte, den meinungsstarken und tapferen Farmer sofort zum Oberst ihres Freiwilligenheers, der »Green Mountain Boys«. Ethan Allen zog in den Unabhängigkeitskrieg. Weil der temperamentvolle Offizier ein militärischer Laie war, geriet ein Handstreich gegen das kanadische Montreal zum Debakel. Die Engländer verfrachteten den Mountain Boy als Gefangenen in ihr fernes Mutterland. Während der dreijährigen Gefangenschaft verfasste Ethan Allen mehrere politische Schriften und wurde schließlich auf dem Tauschweg freigelassen. Sofort stürzte er sich wieder ins Getümmel, diesmal als General. Außerdem einte er seine Vermonter Mitbürger zu einem eigenen Staat, der seinerzeit der liberalste der Neuen Welt war: In Vermont wurde die Sklaverei verboten und das allgemeine Männerwahlrecht eingeführt.

An Allens rauen Manieren änderte sich nichts. Nach dem Sieg im Unabhängigkeitskrieg (1781) mischte er in der neuen amerikanischen Hauptstadt Washington mit und legte sich mit den Kirchen an. Sein Buch *Reason the only oracle of man* war ein populäres Pamphlet gegen die geoffenbarte Religion. Als es 1789 ans Sterben ging – in Frankreich brach die Revolution aus, in den USA wurde die Verfassung proklamiert –, reagierte der General gewohnt barsch auf den letzten Trost eines Geistlichen: »General, die Engel erwarten Sie.«

»So, sie warten? Sie warten?
Gottverdammt, sollen sie warten!«

ROALD AMUNDSEN (1872–1928)

erreichte als erster Mensch 1911 den Südpol, schwebte als erster Mensch mit einem Luftschiff 1926 über den Nordpol und verschwand schließlich 1928 jenseits des Polarkreises mit einem Wasserflugzeug für immer. Er war zu einer spontanen Rettungsaktion gestartet. Niemals fand man von dem groß gewachsenen, blauäugigen, sportlichen Mann irgendeine Spur. Deshalb darf, wer an Mythen glaubt, nicht daran zweifeln, dass Roald Amundsen wie Barbarossa im Kyffhäuser oder Norwegens sagenhafter König Olaf Tryggvisohn unter Wasser immer noch lebt. Irgendwo ganz weit im Norden, im ewigen Eis, wo »Ruhe ist und Friede und Freiheit«, wo nichts ist »außer einem selbst«, wie Amundsen von seinen vielen Expeditionen her wusste.

Dieser Amundsen aus Norwegen wollte sein ganzes Leben nichts anderes werden als Polarforscher, nicht Arzt (wie die Mutter wünschte), nicht Kaufmann oder Reeder (wozu ihn später Geldmangel trieb). Er vereinte robuste Gesundheit, großes Führungs- und Organisationstalent mit einem sehr männlichen Charisma. Englische Zeitgenossen sahen das anders. Sie hielten Amundsen für hinterlistig, anmaßend, ungehobelt; aus ihrer Sicht war der Norweger alles Mögliche, nur kein Gentleman. Den britischen Gentlemen und Offizieren der Royal Navy hat der Skandinavier unbestritten eine schwere Niederlage bereitet. Er siegte, auf Skiern und mit Hundeschlitten, in einem friedlichen Wettlauf zum Südpol. Dabei schlug er die Expedition der Weltmacht Großbritannien – ausgerüstet mit Motorschlitten und allem Know-how der Navy – um 34 Tage. Amundsens Gegner war der 44-jährige Kapitän zur See Robert Falcon Scott. 1928 erfüllte sich der letzte Wunsch des norwegischen Polarforschers. »Wenn Sie je gesehen hätten«, sagte er zu einem italienischen Journalisten, »wie herrlich es da oben ist. Dort möchte ich einmal sterben.« Dann machte er sich mit einem französischen Wasserflugzeug Marke *Latham 47* vom Polarkreis Richtung Norden auf, um seinen Freund

und Konkurrenten, den italienischen General Umberto Nobile, nach einem Luftschiff-Absturz unweit des Nordpols aus der weißen Wüste zu retten. All sein Bargeld übergab er dem Rechtsanwalt:

»Machen Sie mich zu einem freien Mann.«

Über der hohen See, 200 Kilometer nördlich von Norwegen, sah ein einsamer Fischer, wie Amundsens Flugzeug von einer Nebelbank verschluckt wurde – für 74 Jahre. Erst im folgenden Jahrhundert, im Jahr 2002, gibt die Barentssee einige Wrackteile der *Latham* frei.

GABRIELE D'ANNUNZIO (1863–1938)

war ein eitler Italiener, ein sehr eitler. »Ich liebe mich«, bekannte der dekadente Dichter, Romanautor, Librettist, Tragöde, Politiker, Fliegergeneral und – das vor allem – Frauenheld. Der charismatische Glatzkopf hielt sich für den originellsten Künstler Italiens und seinen Ruhm für völlig gerechtfertigt. Deshalb verwendete er gegen Ende viel Zeit, um das eigene Sterben zu inszenieren. In seinem prunkvollen Palast am Gardasee wollte er in einer schmucklosen Zelle sterben, auf einer Bahre neben dem schlichten Katafalk. Draußen vor der Tür sollte derweil Beethovens Adagio, Opus 59, Nr. 1 gespielt werden. Am nächsten

Morgen wünschte er im abgedunkelten hauseigenen »Saal der Weltflucht« aufgebahrt zu werden, gekleidet in der Uniform eines Generals der Flieger. Vier hohe Kerzen sollten die Szenerie erleuchten, der Duce Mussolini von ihm, dem Weggefährten, hier stumm Abschied nehmen. Soweit der Plan.

Doch das Sterben zog sich hin. Der 74-jährige D'Annunzio litt an Altersdemenz, Katarrhen, Atemnot, er war opiatabhängig, sein Schlafrhythmus vollständig durcheinander. Kopfschmerzen plagten ihn, auch deshalb, weil er bei einem Flugzeugunfall 1916 als Pilot ein Auge verloren hatte. Trotz dieses Handicaps hatte der damals 54-Jährige im Februar 1918 mit einem kleinen Kampfflugzeug Wien, die Hauptstadt der Österreicher, überflogen und die Feinde dem Spott (»Beffa di Buccari«) preisgegeben.

Jetzt, zwanzig Jahre später, langweilte er sich zu Tode. »Drehen Sie um, fahren Sie zurück!«, befahl er seinem Chauffeur bei der letzten Spazierfahrt. »Ich langweile mich so.«

Im Palast, genannt »Il Vittoriale«, setzte sich der alte Herr an seinen Schreibtisch und schrieb einen Klagebrief:

> *Meine wirkliche Krankheit ist das Alter.*
> *Ich fühle mich so gedemütigt.«*

Dann traf ihn der Schlag. Gabriele D'Annunzio, der Unsterbliche, war sofort tot.

ARCHIMEDES (287–212 v. Chr.)

war der bedeutendste (alt)griechische Mathematiker und ein Tüftler von überragendem Talent. Er erfand die Schraube, die Wasserschnecke, den Flaschenzug und konstruierte Kriegs- und Wurfmaschinen, die seine sizilianische Heimatstadt Syrakus lange vor den Angriffen der Römer schützten. Weil er in seinem langen Leben die Gesetze der Mathematik abstrahiert hatte, ist sein Satz über die Beweglichkeit der Erde (die seinerzeit als unbeweglich galt) keine Hochstapelei, sondern reine Wissenschaft. »Gib mir einen Punkt, wo ich stehen kann, und ich werde die Erde in Bewegung setzen.« Dieser »Archimedische Punkt« ist noch unerreicht; er liegt irgendwo im Weltall. Das »Archimedische Prinzip« hingegen, der grundlegende Satz der Hydrostatik – jeder Körper, in eine Flüssigkeit getaucht, verliert so viel an Gewicht, als das Gewicht der von ihm verdrängten Flüssigkeit beträgt –, ist bis heute ein Grundpfeiler der Physik. Als Archimedes das herausgefunden hatte, angeblich beim Wannenbaden, soll er »Heureka!« – »Ich habe es gefunden!« – gerufen und sogleich noch ein weiteres geflügeltes Wort in die Welt gesetzt haben. Die zahlreichen Schriften des großen Gelehrten, der im ägyptischen Alexandria studiert hatte, sind zum großen Teil erhalten.

Als die römischen Legionäre nach langer Belagerung schließlich doch Syrakus erobert hatten, geriet Archimedes in einen tödlichen Streit mit einem Landsknecht. Der alte Wissenschaftler saß, wie so oft, im

Freien und malte seine Kreise und Berechnungen in feinen Sand. Der Soldat störte dabei, auch deshalb, weil er einen Schatten warf. Das letzte Wort des Archimedes, bevor er erschlagen wurde, lautete:

»Störe meine Kreise nicht!«

ARISTOTELES (384–322 v. Chr.) war der Letzte unter den großen drei der altgriechischen Philosophie. Sein Lehrer Platon hielt ihn für genial, jedenfalls so lange, bis der wohlhabende Sohn eines königlichen Leibarztes, zu dessen Ahnen der Gott Asklepios zählte, seine eigene Akademie eröffnete. Von da an trennten sich ihre Wege. Viel Zeit zum stressfreien Gedankenaustausch hätten sie ohnehin nicht gehabt, denn Aristoteles soll gut 400 Bücher geschrieben haben (Platon ein Dutzend, Sokrates gar keines). Die erhalten gebliebenen Werke zeigen ihn als Empiriker und Realisten, als Begründer der Logik und Ahnherren der späteren Scholastiker. Weil er seine Ideen stets im Auf- und Abgehen entwickelte und vortrug, nannte man Aristoteles schon zu Lebzeiten den »Peripatetiker« (*peripatos* = Allee). Auch diesen Denker wollten die regierenden Stadtherren wegen Gotteslästerung vor Gericht stellen, doch der vorsichtige und flinke Aristoteles entwischte und begab sich unter mazedonischen Schutz. Wahrscheinlich starb er an Magenkrebs. Es ist aber auch gut möglich, dass er freiwillig ein sehr philosophisches Ende wählte. Jahrelang hatte Aristoteles über die unregelmäßigen Strömungen an der engsten Stelle des Golfes von Euböa (35 Meter breit, sechs Meter tief) nachgegrübelt, ohne eine Erklärung zu finden. Als 62-Jähriger stürzte er sich in das geheimnisvolle Wasser.

»Fasse mich, da ich dich nicht fassen kann.«

AUGUST DER STARKE (1670–1733)

Seine amtlichen Schreiben ließ August, der Rabauke und Frauenheld, dazu König von Sachsen und von Polen, am liebsten mit allen seinen Titeln ausfertigen: »Von Gottes Gnaden Wir Friedrich August, Herzog zu Sachsen, Jülich, Cleve und Berg, auch Egern und Westphalen, des Heiligen Römischen Reiches Erzmarschall und Churfürst, Landgraf von Thüringen, Markgraf zu Meißen, auch Ober- und Niederlausitz, Burggraf zu Magdeburg, Gefürsteter Graf zu Henneberg, Graf zu der Mark, Ravensberg und Barby, Herr zu Rayenstein«. Bei den Damen liebte er hingegen kein überflüssiges Dekorum, als Kriegsherr keine Fisimatenten. Der Sachse, nur 1,73 Meter groß, in seinen bes-

22

ten Zeiten aber 113 Kilogramm schwer, spürte schon in jungen Jahren den »Trieb des Soldatentums« in sich und bekannte: »Mein einziger Wunsch ist kriegerischer Ruhm.« Deshalb zog er, als Draufgänger gefürchtet, gegen Franzosen, Niederländer, Schweden, Polen, Russen und Türken zu Felde. Sein Mythos basiert jedoch nicht auf dem Degen, sondern auf seiner Verschwendungssucht – so wurden seine Residenzstädte Dresden und Warschau zu unvergänglichen Schönheiten – und auf der Kraft seiner Lenden: August dem Starken schreibt man 352 Kinder zu (davon ein eheliches). Das eheliche ist sicher, die anderen ungewiss.

Keine Zweifel gibt es daran, dass der katholische König nicht an der Wollust und seinen Mätressen zugrunde ging, sondern an der Maßlosigkeit. Er war, zumal in seinem letzten Jahrzehnt, ein gewaltiger Esser und großer Trinker vor dem Herrn. Sechs Stunden dauerte sein letztes Abendmahl, das der preußische Minister Wilhelm von Grumbkow in Krossen (Krosno) der durchreisenden Majestät gab. Es wurden mehr als ein Dutzend Gänge aufgetragen, seine Lieblingsspeisen stets doppelt, und Champagner gab es bis zum Abwinken. August der Starke schlief noch im Speisezimmer fest ein. Am nächsten Vormittag erwachte der zuckerkranke König auf dem Fußboden vor dem Kamin und klagte:

»Mir ist der Kopf ganz wüste.«

Man beerdigte ihn in der Krakauer Kathedrale. Nur sein Herz kehrte in einer silbernen Kapsel nach Dresden zurück. Es beginnt immer wieder zu schlagen, wenn ein schönes Mädchen vorübergeht. Doch, doch, das wird schon stimmen. In Sachsen zweifelt jedenfalls niemand daran.

~

JOSEPHINE BAKER (1906–1975)

In der Pariser Kirche Madeleine, unter Napoleon I. als Tempel des Ruhms erbaut, zelebrierte die Französische Republik im April 1975 ein grandioses Staatsbegräbnis für eine Amerikanerin – das erste und das vorerst letzte. Unter dumpfem Trommelwirbel und 21 Schüssen Salut wurde Josephine Baker aus St. Louis am Mississippi zu Grabe getragen. Mitglied der Résistance im Zweiten Weltkrieg, Offizierin der Ehrenlegion, Tänzerin, Sängerin, Pariser Revuestar seit fünfzig Jahren. Doch die Tochter eines Spaniers und einer schwarzen Amerikanerin war für die Franzosen und alle anderen Verehrer in der ganzen Welt mehr: der lebende Beweis, dass die Rassendiskriminierung nicht ewig währen würde. Josephine Baker – talentiert, selbstbewusst, ausdauernd – lebte die Menschenrechte. Sie sei, sagte ihr Bewunderer Ernest Hemingway, »das sensationellste Weib, das Menschenaugen je gesehen haben oder je sehen werden«.

»Schaut mich an!«, rief sie ihrem Publikum am Beginn jeder Revue zu, und dann tanzte sie den berühmten »Bananentanz«, sang »Darling, je vous aime beaucoup«, »En Avril à Paris« und brachte die Männer mit »Ram-pam-pam« vollends um den Verstand. 55 Jahre hielt sie sich als »schwarze Venus« im Zentrum des Taifuns. Und schon zu Beginn ihrer sagenhaften Bühnenkarriere, als 21-Jährige, wusste sie, wie sie sterben wollte:

> *»Ich werde mein ganzes Leben lang tanzen.*
> *Ich bin zum Tanzen geboren, nur dazu.*
> *Leben ist Tanz. Und auch sterben möchte ich*
> *am liebsten völlig erschöpft und*
> *außer Atem am Ende eines Tanzes.«*

Der Wunsch ging in Erfüllung. Sie starb nach einer Galavorstellung an Herzversagen. In Paris, der Hauptstadt der Welt.

MICHAEL BAKUNIN (1814–1876)

Dieser Russe aus altem Adel war zunächst ein Artillerieleutnant des Zaren und dann noch vierzig Jahre lang ein Anarchist, wie er im Buche steht. Er reiste um die ganze Welt, wurde mehrfach zum Tode verurteilt, jahrelang in Einzelhaft gehalten, verbannt und ausgewiesen. In einem halben Dutzend Ländern hat er geholfen, Revolutionen anzuzetteln. Seine Erfindung, die gewalttätige »Propaganda der Tat« mittels Sprengstoff, ängstigte die Herrschenden in ganz Europa. Bakunin machte keine Unterschiede. Sein Rat an alle anderen Anarchisten: »Zerstört muss alles werden, dass kein Stein auf dem anderen bleibt, alle Staaten und Kirchen, Religionen, Rechtsprechung, Gesetze, Bildung, soziale und ökonomische Gliederung.« Außerdem versprach er seinen Anhängern – immerhin in guten Jahren einige hunderttausend –, dass die Tabularasa-Strategie auch Spaß machen würde. »Die Lust an der Zerstörung ist zugleich eine schaffende Lust.«

Mit den Sozialisten und Kommunisten des 19. Jahrhunderts überwarf er sich, denn die waren ihm viel zu staatsnah und bürokratisch. Am Ende seines Lebens kam der verarmte, bärtige, durstige und sentimentale Weltrevolutionär in der Schweiz zur Ruhe. Notgedrungen, denn eine Prostatavergrößerung setzte ihn völlig außer Gefecht. Eine Harnvergiftung (Urämie) zwang ihn auf das Sterbelager:

»Ich habe nichts mehr nötig«,

flüsterte er auf Russisch.

»Ich habe mein Lied gesungen.«

Sein Grabstein, ein Granitblock, steht immer noch auf dem Friedhof Bremgarten in Bern.

HONORÉ DE BALZAC (1799–1850)

Der wohl bedeutendste französische Romancier des 19. Jahrhunderts war ein Mann der Superlative: Workaholic, manischer Verschwender, Frauenheld, Süchtiger. Oft trank er fünfzig Tassen schwarzen Kaffees am Tag und schrieb 16 Stunden hintereinander, ohne Punkt und Komma. Für ein Buch brauchte der große Realist und Milieuschilderer nur gut acht Tage; entsprechend riesig ist sein Lebenswerk. Literaten schätzen, dass Balzac mehr als 2000 Figuren geschaffen hat, von denen einige auftauchen und irgendwann spurlos verschwinden, weil sie dem Schnellschreiber aus dem Blick geraten sind. In der *Menschlichen Komödie*, der *Comédie humaine*, einem Romanzyklus von mehr als 60 Büchern, haben andere Gestalten ein langes, wenn auch nur virtuelles Leben, welches bis heute andauert, denn der Schriftsteller fasziniert seine Leser noch immer. Die Gesundheit des dickleibigen Autors war durch gnadenlosen Raubbau bald ruiniert. Der Pariser betrieb ja nicht nur seine Großschriftstellerei, er versuchte sich gleichzeitig als Druckereibesitzer, Verleger, Agrarier, Bergbauunternehmer, ja sogar als Abgeordneter. Meist war er vor Gerichtsvollziehern auf der Flucht, mal wohnte er konspirativ unter falschem Namen, mal bekam er »Asyl« in Schlössern. Sein Faible für Gräfinnen trieb ihn durch Europa, kostete ein Vermögen und inspirierte den Bürgerlichen zur Erhebung in den Adelsstand. Das »de« legte er sich selbst zu. Immerhin: Am Ende seines Lebens heiratete er in der

Ukraine noch eine echte polnische Gräfin. Auf den Tod krank, erreichte der große Franzose wieder Paris.

Er litt an schwerer Atemnot und Erstickungsanfällen. Sein Herz war maximal erweitert, das Gesicht, so berichtet sein Kollege Victor Hugo über den Bettlägerigen, »violett, fast schwärzlich«. Alle ärztlichen Bemühungen, den erst 51-Jährigen zu retten, erwiesen sich als vergeblich. Da hatte Balzac im Fieberwahn die letzte, helfende Idee:

»Bianchon! Ruft Bianchon! Er wird mich retten.«

Dieser gute Doktor Bianchon ist eine Romanfigur des Dichters.

LUDWIG VAN BEETHOVEN (1770–1827)

»Wisse, daß mir der edelste Teil, mein Gehör, sehr abgenommen hat«, schrieb Deutschlands größter Tondichter als 32-Jähriger in sein Testament. »Wie ein Verbannter muß ich leben … welche Demütigung, wenn jemand neben mir stand, und von weitem eine Flöte hörte und ich nichts hörte … Es fehlte wenig, und ich endigte selbst mein Leben. Nur sie, die Kunst, sie hielt mich zurück!« Die Kunst: neun Symphonien, zahlreiche Konzerte, die Oper *Fidelio*, große Messen, Sonaten, Quartette, alles in allem 138 Werke, die zwei

Jahrhunderte später noch immer zum Kronschatz der klassischen Musik gehören. Beethoven, geboren in Bonn, wusste von seinen epochalen Talenten – natürlich waren auch Vater und Großvater Musiker, natürlich bekam der Knabe frühzeitig Unterricht (später sogar von Mozart und Haydn), und es versteht sich, dass der kleine Rheinländer schon als Kind komponierte. Seine großen Erfolge feierte der Komponist (und Pianist und Bratschist) jedoch in Wien, der glanzvollen Hauptstadt Österreichs, wo die kunstsinnigen Habsburger herrschten.

Beethoven blieb ledig, der verfluchten Taubheit wegen. Er ordnete seinen Alltag streng nach den Jahreszeiten, mied alle Exzesse, nur um seine kompositorischen Fähigkeiten trotz des Handicaps zu bewahren. Dies gelang ihm. Ludwig van Beethoven war bis in seine letzten Jahre kreativ, die 9. Symphonie mit dem weltberühmten Schlusschor über Schillers *Ode an die Freude* vollendete er drei Jahre vor seinem Tode.

Zu dieser Zeit plagten den tauben Komponisten schon weitere Krankheiten: Blasenschmerzen wegen einer Prostatavergrößerung, ein Leberleiden (wahrscheinlich eine Zirrhose), vor allem aber Atemnot und Herzbeschwerden. Die Ärzte diagnostizierten »Wassersucht«. Als der Geistliche gerufen werden sollte, um das Sterbesakrament zu spenden, bemerkte Beethoven zu zwei anwesenden Freunden: »Plaudite amici, comoedia finita est.« – »Klatscht Beifall, Freunde, die Komödie ist beendet.« Es ist die klassische Schlussformel, mit der im alten Rom die Schauspiele endeten. Am nächsten Tag, während eines Gewitters, brachte ein Bote seines Verlegers zwei »Bouteillen« Rüdesheimer Wein. Sie galten (zu Unrecht) als Heilmittel gegen Wassersucht und Leberleiden. Beethovens allerletzte Worte:

»Schade! Schade! Zu spät ...«

GOTTFRIED BENN (1886–1956)

Pathologe und Facharzt für Haut- und Geschlechtskrankheiten, in beiden Weltkriegen Militärarzt (zuletzt als Oberstarzt), war Benn zugleich einer der berühmtesten expressionistischen Dichter in der ersten Hälfte des 20. Jahrhunderts. Seine Themen: Tod, Verwesung, Ekel, Elite.

Kühle Distanz bewahrte der Berliner zu sich selbst, als er an Krebs erkrankte, der zerstörend in die Wirbelsäule metastasierte. Ohnehin hatte Benn sich vorausschauend nicht mehr als siebzig Lebensjahre prognostiziert und das Sterben im Sommer empfohlen, weil dann die Erde für den Spaten leicht sei. Er starb am 7. Juli. Bei ihm war seine dritte, sehr viel jüngere Ehefrau, eine Zahnärztin, die ihn das letzte Jahrzehnt fürsorglich und liebevoll begleitet hatte. Das kann man von Pastorensohn Gottfried Benn umgekehrt nicht sagen. Amouren und Avancen des alten Herrn sind noch Jahrzehnte nach seinem Tod von jungen Damen bekannt gemacht worden. Die letzte Nacht im Krankenhaus war friedvoll und harmonisch. Abschiedsworte sagte Benn nicht, nur hin und wieder für kleine Handreichungen als letztes Wort

»Danke«.

Dann starb er. Wie es einem großen Dichter zukommt, hat Benn sein Testament und den letzten Liebesbrief an seine Frau auf dem Umschlag mit einem zu Herzen gehenden Zitat versehen. Auf Lateinisch hieß es da:

Te spectem suprema cum mihi venerit hora,
te tenam moriens deficiente manu.
Dein G.

Auf Deutsch heißt das: »Dich möchte ich ansehen, wenn meine Stunde geschlagen hat, sterbend möchte ich dich noch halten, wenn mir die Hand schon herabsinkt.«

~

Prinz Bernhard der Niederlande
(1911–2004),

geborener Prinz zu Lippe-Biesterfeld (und damit ein »Moffe«, wie die Holländer die Deutschen gern nennen), war 66 Jahre lang mit der Königin Juliana aus dem Herrscherhaus Oranien verheiratet, Vater ihrer Kinder und ein Mann von Welt. In jüngeren Jahren Mitglied der SA, der SS und der NSDAP, eroberte er die Herzen seiner neuen Landsleute 1940 im Sturm, als er mit den Oraniern den aktiven Kampf gegen die deutschen Invasoren aufnahm. Der Sympathiebonus blieb dem späteren Generalinspekteur auch erhalten, als 1976 herauskam, dass er von der amerikanischen Flugzeugfirma Lockheed 1,1 Millionen Dollar Bestechungsgeld für den Kauf von Düsenjägern eingesackt hatte. »Er ist immer ein Taugenichts geblieben«, erkannte seine Ehefrau, allerdings ein sehr charmanter, stets mit weißer Nelke im Knopfloch. Als der Pilot und Großwildjäger verwitwet war, erkrankte er an metastasierendem Darmkrebs. Lebensverlängernde Intensivmedizin verbat sich der 93-Jährige, denn sein Leben lag, wie er im letzten Gespräch erkennen ließ, für ihn in hellem Sonnenschein.

*»Ich fühle mich wie ein Kind, das eine Sandburg
gebaut hat.
Und sie ist schön geworden.«*

Otto von Bismarck (1815–1898)

Der preußische Junker war in jungen Jahren ein kraftstrotzender Rabauke, Held auf dem Fechtboden, Duellant, Liebhaber, Spieler, Trinker. Von seinem 30. Lebensjahr an entwickelte er sich jedoch zur wichtigsten Gestalt der deutschen Politik des 19. Jahrhunderts. Er orchestrierte Preußens Aufstieg zu einer europäischen Großmacht, brach mehrere Kriege vom Zaun (1864 gegen Dänemark, 1866 gegen Österreich und Bayern, 1870/71 gegen Frankreich) und gewann sie alle. In der französischen Königsstadt Versailles zimmerte er 1871 das »Deutsche Reich« aus diversen Kleinstaaten zusammen und hievte den preußischen König Wilhelm I. auf den Kaiserthron. Der Monarchist, zugleich Reaktionär (getreu der postrevolutionären 1848er Parole »Gegen Demokraten helfen nur Soldaten«) und Realist (raffinierte Bündnissysteme und populäre Lebenshilfe für die Armen in Notsituationen), hielt sich 28 Jahre lang als wichtigster Mann in Berlin an der Macht. Persönliche Vorteile gerieten ihm dabei niemals aus dem Blick. Er wurde erst Graf, dann Fürst und Herzog; üppige Geschenke hielt er für legitim; Steuern zahlen mochte er gar nicht. Stimuliert von der Sehnsucht nach einem charismatischen, erfolgreichen Übervater, sammelten sich hinter dem »Eisernen Kanzler« Adel, Armee und immer größere Teile des Bürgertums. Erst der neue junge Kaiser Wilhelm II., ein ziemlicher Schwachkopf, hebelte den Kürassier 1890 aus dem Sattel. Der 75-jährige Bismarck zog sich grantelnd in den Sachsenwald zurück, seine Latifundien bei Hamburg. Dort, in Friedrichsruh, fand er aber, abgekoppelt von allen Staatsgeschäften, keinen Frieden. Gute Laune machte dem robusten Preußen nur noch französischer Champagner, am liebsten schon vormittags. Als ihn Übergewicht, Gicht, Schlafstörungen und Depressionen zu quälen begannen, geriet er unter die Fuchtel eines durchsetzungsstarken Arztes namens Ernst Schwenniger. Der räumte den Champagner und das Wildbret vom Tisch. Bismarck begann seine Memoiren *Gedanken und Erinnerungen* zu schreiben; sie wurden ein Bestseller ohnegleichen, allerdings erst posthum. Der Tod nahm den alten Mann im Sommer 1898, vier Monate nach dessen 83. Geburtstag, durch Herz- und Lungenversagen zu sich.

Als letztes Wort, so fabulierten seine nationalistischen Fans danach, habe er »Staatsräson!« gerufen. Das ist reine Phantasie, ebenso wie die Erfindung der frommen Monarchisten, die dem Preußen als letztes Wort den Wunsch »Gott schütze das Deutsche Reich!« zuschreiben. In Wahrheit suchte der Witwer nach der Hand seiner Tochter, die ihm immer liebevoll beigestanden hatte:

»Danke, mein Kind.«

GEBHARD LEBERECHT BLÜCHER (1742–1819)
Die Preußen rühmten den Fürsten von Wahlstadt voller Verehrung als »Marschall Vorwärts«, die Franzosen nannten den Reiterführer immer nur den »besoffenen Husar«. Das eine schließt das andere ja nicht aus. Blücher hat fast sein ganzes Leben im Sattel verbracht, in der rechten Faust den Säbel. Seine militärische Strategie war die »Attacke«. Weil er auch als alter General vorneweg ritt und vor der Schlacht stets markige Reden hielt, wurde er der volkstümlichste Held der Befreiungskriege von 1813–1815. Napoleon nannte ihn einen widerlichen Teufelskerl. Blücher wiederum schrieb seiner Frau 1815 vom Schlachtfeld in Waterloo (Belle-Alliance), wo Napoleons Ende besiegelt wurde: »Habe ich in Verbindung meines Freundes Wellington Napoleon dass gahraus zu machen wo er hin gekom weiß kein mensch seine armeh ist völlig en de Routt ... seine Orden die er selbst getragen sind mich so eben gebracht ...«

Der Herr Generalfeldmarschall war ein Legastheniker. Er fand, dass der berühmte Hut des französischen Kaisers, der auch erbeutet worden war, ihm prächtig stand. Blüchers neue englische Freunde spendierten ihm dazu noch einen Doktorhut, den der Universität Oxford.

Dann war es Zeit für den Abschied. Im Herbst 1815 zog sich der 72-jährige Kavallerist auf sein Gut in Schlesien zurück, diesmal in einer Kutsche. Alte Verwundungen schmerzten; Herz, Lunge und Leber wurden schwächer. Blücher hatte noch vier Jahre. Als er im September 1819 endgültig bettlägerig wurde, sagte er zu seinem Adjutanten, dem Oberst August von Nostitz (der Blücher 1815 einmal unter seinem erschossenen Pferd hervorgezogen hatte):

>> *Mein lieber Nostitz, Ihr habt im Krieg manches von mir gelernt. Jetzt solltet Ihr auch noch lernen, wie man friedlich stirbt.* «

BUDDHA (560–480 v. Chr.)

Buddha, der Erleuchtete, ist schon im »Nirwana«, also mit dem Nichts vereint. Dieses Auslöschen, so hat der indische Religionsstifter vor zweieinhalb Jahrtausenden gelehrt, sei das höchste Ziel des Menschen, die »ewige Befreiung vom Schmerz der Existenz«. Erreichbar sei das Nirwana durch Tugend und höchste Erkenntnis. In aller Regel werde der Mensch wiedergeboren, seine Seele wandert bis zur endgültigen Erlösung. Es ist möglich, dass die Seele in einer rechtlosen Magd oder in einer schönen Prinzessin wiedergeboren wird, vielleicht sogar in einem Tier, von der Ameise bis zum Elefanten, oder in einer Pflanze.

Mindestens eine halbe Milliarde Menschen, vornehmlich in Asien, sind heute buddhistische Gläubige. Ursprünglich waren es fünf Schüler, denen Siddhartha

Gautama, ein reicher Adliger aus den Vorgebirgen des Himalaja, seine neuen Erkenntnisse vortrug. Zu diesem Zweck hatte der Mann, der später »Buddha« wurde, mit 29 Jahren Frau und Kind und Luxus ein letztes Lebewohl gesagt. Er zog in die »Hauslosigkeit« und führte ein anfänglich strapaziöses Leben als Wanderprediger. Zu dieser Sinnesänderung war er durch »vier Ausfahrten« gelangt, denn dabei begegnete er einem Alten, einem Kranken, einem Toten und einem Asketen. Unter einem Baum, einem »Ficus religiosa«, wurde Gautama endgültig erleuchtet, und so zu Buddha.

Die Einzelheiten seines Lebensweges sind – wie gewöhnlich bei Religionsstiftern – durch Phantastereien späterer Anhänger überwuchert. Sicher ist nur, dass Buddhas Lehre, nach der das Laster bestraft und die Tugenden belohnt werden, eine göttliche Vorsehung wie im Christentum aber nicht existiert, schon zu Lebzeiten des Meisters großen Zulauf fand. Als der Weise im hohen Alter starb, ermahnte er die vielen hundert Trauernden in seinem letzten Wort zu Einigkeit und Ausdauer: »Ihr könntet denken, der Lehrer ist gegangen, wir haben keinen Lehrer mehr. So sollt ihr es nicht sehen. Lehre und Regel, die ich euch gab, sind nach meinem Tod euer Lehrer.« Das half nicht viel. Noch am Tag der Einäscherung gerieten sich die Mönche in die Haare. Dabei hatte Buddha sie im allerletzten Wort an die Nichtigkeit irdischen Streits erinnert:

»Alles, was geboren wird, ist vergänglich und stirbt.«

WILHELM BUSCH (1832–1908)

Max und Moritz, die fromme Helene, Maler Klecksel, Balduin Bählamm, der heilige Antonius von Padua, Julchen, Herr und Frau Knopp – alles Geschöpfe des kauzigen Junggesellen Wilhelm Busch, durchweg älter als 100 Jahre, genau genommen: unsterblich.

Nicht zu vergessen seine Tiere: Hans Huckebein der Unglücksrabe, Fipps der Affe, Plisch und Plum, dazu Vögel, Elefanten, Frösche und was sonst noch so kreucht und fleucht. Dabei wollte Wilhelm Busch nicht mit lustigen Bildergeschichten reüssieren, sondern bemühte sich lebenslang als seriöser Dichter, Maler und Bildhauer. Er publizierte zudem streng wissenschaftliche Artikel über die Bienenzucht in einem Fachblatt und überlegte ernsthaft, ob er nicht als Bienenzüchter in Brasilien ein neues Leben anfangen sollte. Seine humoristischen Talente, die früh entdeckt und bald gut honoriert wurden, machten solches Streben rasch zunichte, zu Wilhelm Buschs Kummer.

Privat war er nämlich kein Unterhaltungskünstler, sondern überaus bürgerlich, ein Mann der Sekundärtugenden, der – nachdem er den Philosophen und Frauenfeind Arthur Schopenhauer gelesen hatte – vorsichtshalber lebenslang ledig blieb. »Vater werden ist nicht schwer, Vater sein dagegen sehr.« Absichtslos hat der stilsichere Poet Dutzende solcher inzwischen geflügelter Worte hinterlassen. Zum Beispiel auch diese: »Rotwein ist für alte Knaben eine von den besten Gaben.«

Sein letztes Wort ist vieldeutig. Der 75-jährige Niedersachse spürte, dass sein Herz langsam schwächer wurde. Kurz vor dem Tod schrieb er einer jungen schönen Frau, die er aus der Ferne verehrte:

> *»Ich stehe auf der Grenze von Hier und Dort.*
> *Und fast kommt es mir vor, als ob*
> *beides dasselbe wäre ...«*

~

LUDWIG BÖRNE (1786–1837)

Als der Student noch Löb Baruch hieß – sein Vater war ein jüdischer Bankier in Frankfurt am Main –, halfen ihm »Liberté, Égalité, Fraternité« der Französischen Revolution und die bürgerlichen Gesetze des Deutschland-Eroberers Napoleon: 1811 wurde er in seiner Vaterstadt Beamter; genauer: Aktuar bei der Polizei. Das war ein rangniedriger Posten, eine Art Protokollführer, aber besser als nichts, denn der junge Mann war nach vielen Semestern Medizin und Staatswissenschaft genau genommen nur ein abgebrochener Student. Kaum waren die Franzosen während der Befreiungskriege Ende 1813 aus Hessen vertrieben, setzte sich Frankfurt am Main wieder in seine altreichsstädtischen Rechte als »Freie Stadt« ein, und das hieß auch: Juden durften von da an kein öffentliches Amt mehr bekleiden. Löb Baruch wurde entlassen.

Dieses Trauma hat den Mann verändert. Er wurde zum Streiter gegen die Restauration, zum Schriftsteller und Polemiker, engagierte sich für die Meinungsfreiheit, den Individualismus, das Weltbürgertum, die Emanzipation der Frau. Das trug dem schlanken, gut aussehenden Hessen, der schnell und pointiert schreiben konnte, Strafanzeigen, Zensurverbote, finanzielle Pleiten und reichlich Tatenruhm ein. 1818 trat Löb Baruch zum Christentum über, nannte sich Ludwig Börne und galt fortan als der beeindruckendste deutsche Journalist der ersten Jahrhunderthälfte. Seine Hoffnung warf er wieder auf Frankreich. 1830 siedelte er endgültig nach Paris über. Mit den anderen großen Geistern seiner Zeit, vor allem mit dem Geheimrat Goethe aus Weimar und dem Pariser Mitbürger Heinrich Heine aus Düsseldorf, hatte er nichts im Sinn und entsprechend viel Ärger. In Jeanne Wohl fand er eine liebevolle Seele, die ihm beistand, auch als er an Grippe erkrankte, welche einer tödlichen Lungenentzündung den Weg bahnte.

Der letzte Wunsch des politischen Schriftstellers ging (teilweise) in Erfüllung:

>*Zieht die Vorhänge auf!*
Ich möchte gern die Sonne sehen …
Blumen … Musik …«

Thomas Brasch (1945–2001)

Er war ein deutsches Multitalent, Lyriker (*Der schöne 27. September*), Schriftsteller (*Vor den Vätern sterben die Söhne*), Theaterautor (*Lovely Rita*), Filmemacher (*Engel aus Eisen*), dazu brillanter Übersetzer englischer und russischer Theaterstücke. Brasch ist zu Unrecht weithin vergessen. Der stoppelbärtige Künstler, als Sohn jüdischer Emigranten in England geboren, litt lebenslang an Deutschland, zumal an dessen kleinerer Hälfte, der Deutschen Demokratischen Republik. Vom Vater, Mitglied des Zentralkomitees der Staatspartei SED, ließ sich der Rebell seine »existentialistischen Anschauungen« ebenso wenig abschwatzen wie vom Staatschef Erich Honecker, der den Dissidenten erst wegen »staatsfeindlicher Hetze« einsperren und dann 1976 ausweisen ließ. Nicht ohne mit Thomas Brasch noch ein Vieraugengespräch geführt zu haben, denn er kannte den Mann seit dessen früher Kindheit. Doch die DDR war Brasch einfach zu repressiv, zu piefig, spießig und perspektivlos. Er wurde Westberliner, aber glücklich war er nicht. »Wo ich lebe, da will ich nicht sterben, aber wo ich sterbe, da will ich nicht hin: Bleiben will ich, wo ich nie gewesen bin.«

Seine vielfältigen Talente trugen ihm zahlreiche Preise ein. Doch das morbide Nacht- und Innenstadtleben auf der Insel Westberlin ruinierte seine Gesundheit vor der Zeit. Brasch wurde herz- und lungenkrank. Zuletzt erheiterte ihn die Lektüre der 14 000 Seiten, die das Ministerium für Staatssicherheit (MfS) über ihn hinterlassen hat. Bis zum Schluss urteilte er in den großen Dingen skeptisch – »Glaube mir, das Sterben lohnt das Leben nicht« –, in allen Kleinigkeiten war er großzügig und charmant. Seine letzten beiden Besucher auf der Intensivstation des Berliner Herzzentrums fragte er, kurz aus dem Dämmerschlaf erwacht, doch streng bettlägerig, weil ganz schwach und vielfach verkabelt und mit Sonden versorgt:

»Wollen wir uns draußen ein bisschen hinsetzen?«

Dann schlief er wieder ein. Er wurde auf dem Dorotheenstädtischen Friedhof in Berlin-Mitte beerdigt, ganz in der Nähe von Bertolt Brecht, Hegel und Fichte.

GIORDANO BRUNO (1548–1600)

Wenn ein Ketzer öffentlich auf dem Scheiterhaufen verbrannt wurde, wollten die daran beteiligten Akademiker seine Schreie nicht hören. Der Henker stopfte deshalb dem gottlosen Sünder mit einem Knebel den Mund. Bevor der neapolitanische Dominikanermönch dem finalen Martyrium auf dem Campo dei Fiori, dem Blumenmarkt von Rom, unterworfen wurde, rief er in die gaffende Menge seine letzte Zuversicht: »Ich sterbe als Märtyrer und freiwillig. Meine Seele wird mit dem Rauch zum Paradies aufsteigen.«

Genau daran zweifelten seine Richter, die Kardinäle. Denn der entlaufene Wandermönch – er lehrte sogar an den deutschen protestantischen Universitäten von Wittenberg und Helmstedt – hatte die Heilige Römische Inquisition länger als zwei Jahrzehnte durch kesse Thesen gereizt: Das Weltall sei unendlich (weil Gott unendlich sei); anderswo, auf fernen Sternen, gebe es womöglich auch Menschen (bisher nicht bewiesen); außerdem sei die Erde keine Scheibe, sondern eine leicht abgeplattete Kugel (das stimmt). Sieben Jahre saß der Mönch in der römischen Engelsburg, dem Gefängnis des Papstes, ein. Dann wurde dem Naturphilosophen im Palast des Kardinals Madruccio der Prozess gemacht. Einsicht zeigte Giordano (Taufname Filippo) Bruno nicht. »Wer Körperschmerz fürchtet, hat nie am Göttlichen teilgehabt«, erklärte er. Nach der Verurteilung zum Tode lagen zwischen dem Prediger und dem Brandpfahl noch neun Tage, und die letzte überlieferte Bemerkung zu seinen blutrot gewandeten Richtern lautete:

»Mit größerer Furcht verkündet ihr vielleicht
das Urteil gegen mich,
als ich es entgegennehme.«

43

JULIUS CAESAR (100–44 v. Chr.)

war der wohl eindrucksvollste Kopf der alten römischen Geschichte. Noch im 20. Jahrhundert nach seinem Tod erschienen über 1000 *neue* Bücher über den charaktervollen Staatsmann, Feldherren und Schriftsteller (*De bello Gallico*). Als er ermordet wurde, trug er folgende Titel: *Dictator perpetuus* (Diktator auf Lebenszeit), *Imperator, Pontifex maximus* (höchster Priester, so heißt heute der jeweilige römische Papst) und oberster Gerichtsherr. Sein Porträt wurde auf die Münzen geprägt, in allen Tempeln standen Cäsar zu Ehren Statuen aus Marmor, sein Geburtstag war zum Nationalfeiertag erhoben. Da reichte es dem römischen Senat. So viel Macht, so viel Ehrungen für einen der ihren, das alles drängte zu einer Verschwörung. An den Iden des März 44 fiel Cäsar ihr zum Opfer. Als der Imperator im römischen Senat Platz nahm, umringten ihn ein Dutzend Senatoren, ein jeder den Dolch im Gewande. Ein Verschwörer fasste den unantastbaren Regenten an den Schultern. Cäsar war überrascht und empört. »Das ist ja Gewalt«, rief er. Da trafen ihn die ersten Dolchstöße. Der Sterbende erkannte seinen jungen Freund Decimus Brutus unter den Mördern.

»Auch du, Brutus?«,

fragte er ganz erstaunt. Dann bedeckte Cäsar mit seiner Toga Gesicht und Unterleib. Eine Minute später war der große Römer tot.

Brutus, der Verräter, wurde im folgenden Jahr selbst ermordet. Die Machtkämpfe innerhalb der römischen Elite forderten in den nächsten Jahrzehnten noch viele Opfer.

ALFONSO/ALPHONSO (»AL«) CAPONE
(1899–1947)

Bis heute ist sein Name der Inbegriff für einen skrupellosen, erfolgreichen und populären Gangster. Er machte Chicago zur Hauptstadt der Unterwelt, importierte alle Mafia-Methoden in die USA, hob so die Süditaliener in den Rang einer kriminellen Vereinigung und brachte es auf den Fahndungsplakaten des FBI zum Prädikat »Most wanted«. Im Laufe seiner Berufstätigkeit (1913–1931) stellte er alle namhaften Konkurrenten an die Wand oder in den Schatten. Er verdiente viele hundert Millionen Dollar in bar, zahlte keine Steuern und starb ganz friedlich im Bett.

Der pausbäckige, eher unsportliche Gangster machte sein Geld beim großen Publikum, dem er (verbotenen) Alkohol, käufliche Liebe und (verbotenes) Glücksspiel offerierte. Wohlhabende Geschäftsleute bat er nachdrücklich um »Schutzgelder«. Konkurrenten auf seinen Betätigungsfeldern mochte er nicht leiden. Deshalb mussten beispielsweise beim »St. Valentine's Day Massacre« 1929 gleich sieben Berufskollegen im Kugelhagel sterben; der wunderschöne Marilyn Monroe-Film *Manche mögen's heiß* fängt mit dieser Szene an.

Irgendwelche Morde konnten Polizei und Justiz dem gewitzten Al Capone aber nie nachweisen. 1931 wurde er immerhin wegen Steuerhinterziehung zu elf Jahren Zuchthaus verurteilt; fünf Jahre saß er streng isoliert in einer Einzelzelle des gefürchteten Insel-Zuchthauses Alcatraz. Dann ließ man ihn laufen. Er litt seit 1928 an Syphilis, gegen die es seinerzeit noch kein Penicillin gab. Die gefürchtetste Spätfolge der Geschlechtskrankheit, die Gehirnerweichung (Paralyse), raubte ihm Antrieb und Intelligenz; vor allem verging ihm jegliche Freude an seiner fortdauernden Prominenz. In seiner feudalen Villa in Miami/Florida zog er eine letzte melancholische Bilanz:

> *»Ich bin nur ein Gespenst,*
> *von Millionen Menschen gemeinsam in die Welt*
> *gesetzt.«*

ENRICO CARUSO (1873–1921)

war der großartigste Tenor aller Zeiten, die »Stimme des 20. Jahrhunderts«, ein fabelhafter Schauspieler noch dazu und umjubelter Star auf großen Bühnen, ein Zuschauermagnet für die ersten Open-air-Konzerte zu einer Zeit, als Opernsänger gewöhnlich nur in Opernhäusern und nicht im Freien auftraten. Vor allem aber war der schwarzhaarige, temperamentvolle Mann ein Neapolitaner. Aufrecht und stolz, Frauenheld und liebevoller Vater, im Kleinen wie im Großen von flinkem Fleiß und erstaunlicher Produktivität. Enrico Caruso hat seine warme, dunkle Stimme auf 498 Schallplatten verewigt, vom neapolitanischen Volkslied *O sole mio* bis zu den großen Arien des Opernrepertoires. In zwei *Stumm*filmen (damals gab es noch keinen Tonfilm) zeigte er, wie beweglich er trotz seines breiten Brustkorbs und eines runden Bauches war.

Von seinem Ruhm und seinem Geld zehrte die ganze neapolitanische Familie – er hatte zwanzig Geschwister! Die Engagements an allen großen Opernhäusern der Welt machten ihn zum Dollarmillionär, sie kosteten ihn womöglich jedoch auch die Gesundheit und das Leben. Von Husten und Halsschmerzen fühlte sich der große Sänger öfter mal geplagt, deshalb gibt es noch heute die »Caruso-Bonbons«. 1920 erlitt er, nur 47 Jahre alt, auf der offenen Bühne der New Yorker Metropolitan Opera einen Blutsturz. Eine Erholungsreise nach Europa, genauer: nach Nea-

pel, brachte keine nachhaltige Besserung, auch eine
(riskante) Lungenoperation half nicht. Seine Ehefrau
Dorothy, genannt Doro, war bei ihm, als an einem
neapolitanischen Sonntag im August 1921 der Tod ihn
in die Arme nahm.

*»Doro ... ich ... bekomme ... keine ... Luft ...
mehr ...«*

waren die letzten Worte des größten Sängers des Jahrhunderts.

NICOLAE UND ELENA CEAUŞESCU
(1918/19–1989)

Das rumänische Ehepaar, stalinistische KP-Kader von
Jugend an, regierte die Volksrepublik auf dem Balkan
ein Vierteljahrhundert lang mit diktatorischen Mitteln.
Ihr blutiges Ende beschloss das Wendejahr 1989. Die
beiden prominenten Ostblockpolitiker, er als »Genie
der Karpaten«, sie als »Titanin« gefeiert, waren die
einzigen KP-Herrscher, die mit ihrem eigenen Leben
bezahlten. Der große »Conducator« (Führer) Ceauşescu und seine symbiotische Ehefrau hatten die revolutionäre Situation im Lande völlig falsch eingeschätzt.
Am 22. Dezember zeigte sich der Präsident aller

Rumänen in der Hauptstadt Bukarest auf dem Balkon des ZK-Gebäudes seinem Volk. Das buhte ihn aus, denn im Lande gab es bei Unruhen schon Tote (insgesamt 1104 Opfer). Das Ehepaar floh zunächst mit einem Hubschrauber, dann irrte es mit einem Schützenpanzer durchs Land. Doch die Armee und der Geheimdienst Securitate verweigerten die Gefolgschaft. Die beiden alten Leute wurden vor ein Militärgericht gestellt und im Schnellverfahren zum Tode verurteilt. Die Exekution erfolgte in einem Hof, völlig formlos. Die beiden wurden mit einem Panzerwagen angeliefert, gefesselt und am ersten Weihnachtsfeiertag nachmittags um drei Uhr an eine Wand gestellt. »Meine Kinder, was wollt ihr tun?«, stammelte Elena. Nicolae Ceauşescu, von allen verlassen, begann laut die *Internationale* zu singen:

> *»Völker hört die Signale,*
> *Auf zum letzten Gefecht!*
> *Die Internationale erkäm...!«*

Ohne Warnung eröffneten drei Soldaten mit ihren Kalaschnikows das Feuer. Beide Ceauşescus trafen aus kurzer Distanz insgesamt 90 Schüsse. Sie waren sofort tot.

~

COCO CHANEL (1883–1971)

hat »das kleine Schwarze« kreiert, jenes unsterbliche Pariser Kleid für die erhebenden Momente des Lebens. Wenn Alter, Typ und Stimmung damit harmonierten, sollte die Dame »Chanel No. 5« tupfen – empfahl dessen Erfinderin. So wird Schönheit vierdimensional. Die Französin, gut sieben Jahrzehnte berufstätig, hat dem Bild der Frau im letzten Jahrhundert mehr Korrekturen verpasst als alle ihre Konkurrentinnen um die Mode- und Meinungsmacht. Coco Chanel hieß eigentlich Gabrielle Chasnel, stammte aus der französischen Provinz und wirren Verhältnissen, verblüffte aber lebenslang ihre Geschlechtsgenossinnen: erst durch riesige Hüte, dann durch die Abschaffung des Korsetts und der langen Röcke, die Erfindung des züchtigen Badekostüms und des lasziven Modeschmucks. Bis zu ihrem Tod führte sie eines der trendgebenden Pariser Modehäuser.

Auch im hohen Alter blieb sie beweglich und fleißig, doch litt die Durchblutung ihres Kopfes. Immer mal wieder verlor die zarte alte Dame die Übersicht über Zeit, Ort und Situation. Tag und Nacht verschoben sich. Sie nestelte an Nähten und Accessoires, Verfolgungsängste begannen sie zu quälen. An ihrem letzten Tag, einem Sonntag im Januar 1971, lag sie angekleidet auf ihrem Bett in einer Suite des »Ritz«, wo sie seit langen Zeiten wohnte. Weil Madame Chanel ledig geblieben war, stand ihr beim Sterben nur eine Angestellte bei. »Ah, sie töten mich.« – Die

Angestellte: »Wer? Und weshalb denn?« – »Sie wollen mich ermorden.« Die 87-Jährige schloss die Augen. Die Wahnidee verschwand.

>*So stirbt man also*«,

flüsterte sie.

CHE GUEVARA (1928–1967)

Drei Dinge braucht der Guerillero: seine Pistole (für den Feind), sein Tagebuch (für den Nachruhm) und eine dicke Zigarre (für das Wohlbehagen).

In Ches Fall kam noch die Asthmapfeife hinzu, ein Spray für die kranke Lunge. Denn der Argentinier, Held der erfolgreichen kubanischen Befreiung und Heros der gescheiterten Weltrevolution, war chronisch krank von Kindheit an. Das hinderte den elf Mal Verwundeten nicht am Versuch, Afrika und Südamerika in Brand zu setzen. Weil es von dem vollbärtigen, langhaarigen Macho, der so jung durch Kugeln starb, ein besonders charismatisches Leica-Foto gibt, das Jahrzehnte nach seinem Tod immer noch millionenfach gedruckt und getragen wird, ist Dr. med. Ernesto Guevara de La Serna, genannt »Che«, zur global verehrten Ikone aller Revolutionäre mutiert – so aufrecht, so stolz, so sexy, so erfolglos. Fromme Kleinbauern in den

Bergen Boliviens verehren ihn, den christusgleichen Che mit der schwarzen Baskenmütze und dem roten Stern, als »San Ernesto de La Higuera«, einen Heiligen der Armen. In La Higuera, einem gottverlassenen Nest (30 Lehmhütten, 500 Einwohner) fernab aller Zivilisation, gehen im kleinen Schulhaus, das jetzt Museum ist, die Kerzen nicht aus. In La Higuera und Umgebung hat der militärische Autodidakt 1966/67 versucht, die Bolivianer in den Kampf gegen Staat und Kirche, Armee und US-Interessen zu führen. Vergeblich. Seine kleine Truppe, ursprünglich maximal 46 Kämpfer, war durch Desertionen und kleine Scharmützel Anfang Oktober 1967 auf ein Dutzend ausgehungerter, zerlumpter, demotivierter Guerilleros reduziert, die keine Unterstützung in der Bevölkerung fanden und kein funktionierendes Funkgerät hatten. Dieser verlorene Haufen wurde von 2000 bolivianischen Rangers, denen CIA-Offiziere die Richtung wiesen, gejagt. Am Ende gerieten Che und die Seinen in einem ausweglosen Bergtal in einen Hinterhalt. Beim Schusswechsel wurde Che am Bein getroffen. »Nicht schießen«, rief er dem Feind zu, »ich bin Che Guevara und ich bin für euch lebend wertvoller als tot.« Das war eine Fehleinschätzung. Da es in Bolivien offiziell weder Todesstrafe noch Hochsicherheitsgefängnisse gab und Che außerdem auf weltweite Proteste hoffen konnte, glaubte er, noch einmal mit dem Leben davonzukommen. Doch am nächsten Morgen zog sich der Himmel zu.

Die Sieger hatten seine schnelle Ermordung beschlossen. Der Verletzte lag im Schulhaus von La Higuera. Gegen Mittag betrat der leicht angetrunkene Unteroffizier Mario Teran den Raum, er hat sich freiwillig gemeldet. Ches letzte Worte zu seinem Mörder:

»Ich weiß, dass du gekommen bist, um mich zu töten. Schieß, du Feigling, du tötest nur einen Menschen.«

Nur einen Menschen, nicht die Revolution.

WINSTON CHURCHILL (1874–1965) war der bedeutendste britische Staatsmann des letzten Jahrhunderts, dazu ein Schriftsteller von Rang (Literatur-Nobelpreis 1953), Historiker, Feldherr, Maler und, wenn er das wollte, auch noch Humorist. Seine vielfältigen Talente und seine Begabung, diese als Redner eindrucksvoll zu bündeln, machten ihn im Zweiten Weltkrieg zum erfolgreichen Gegenspieler des deutschen Diktators Adolf Hitler, den er schließlich im Bunde mit US-Präsident Roosevelt und dem russischen Diktator Stalin bezwang. Sein ganzes langes Leben warf sich der hochadlige Engländer (seine Vorfahren waren die Herzöge von Marlborough) fürs Vaterland in die Schanze, am liebsten in Waffen. Er ritt als Leutnant bei der Kavallerie seit 1896 in Kuba, Indien und Afrika für das Empire Attacken, wurde im Ersten Weltkrieg bereits Erster Lord der Admiralität, im Zweiten dann de facto Oberbefehlshaber aller Waffengattungen und zugleich 1940–1945 Premierminister. Sein Durchhaltewillen – er versprach dem Volk nichts als »Blut, Schweiß und Tränen« –, sein strategisches Know-how und nicht zuletzt sein Charme im Bund mit Festigkeit trugen ihn auch über die politischen Niederlagen hinweg. So wählten ihn die Engländer 1945 nach seinem Sieg im Weltkrieg einfach ab. Seine zweite Premierministerzeit begann er erst als 77-Jähriger von 1951 bis 1955. Churchills Gesundheit war trotz großer Leibesfülle, starkem Durst und der ständig qualmenden Zigarre nahezu unverwüstlich. Seine Behauptung, er verdanke sie der Lebensregel »No sports, only whisky and cigars«, ist eine selbstironische Pointe, die er sehr liebte, aber sie ist nicht die reine Wahrheit. In jüngeren Lebensjahren war der Offizier und Weltreisende durchaus Sportler, denn er war ja vor allem anderen ein Engländer. Sein eigenes Ende kommentierte er gelassen und ironisch. »Ich bin bereit, meinen Schöpfer zu treffen«, sagte er schon 1949, »ob Gott allerdings vorbereitet ist, mich zu treffen, ist eine andere Frage.« Gott ließ sich viel Zeit. Winston Churchill, fast sechzig Jahre Mitglied des britischen Unterhauses, erlitt in seinen letzten Lebensjahren mehrere leichte Schlaganfälle, verweigerte die Ernennung zum Herzog, fand am tatenlosen Leben im Gartenstuhl und vor dem Kamin aber keine Freude. Sein letztes Wort im Angesicht des Todes:

»Es ist alles so langweilig.«

GASPARD DE COLIGNY (1519–1572)

Weil er eigentlich ein Admiral war, verlor der Hugenottenführer de Coligny 1569 den Landkrieg gegen die französischen Katholiken. Der adlige Seemann war ein Anhänger des Jean Calvin aus Genf, des militantesten Protestanten. Der schwor seine Gefolgschaft auf einen strikt hierarchischen Gottesstaat auf Erden ein, an seiner Spitze die lutherischen Geistlichen und Lehrer. Diese Theokratie passte den regierenden Häusern – in Paris waren dies die Guisen – überhaupt nicht, während viele Adlige und das städtische Bürgertum durchaus Geschmack am Calvinismus fanden. Es lockte auch der in Jahrhunderten angesammelte Reichtum der katholischen Kirche. Der unausweichliche Konflikt endete in einem Blutbad – der Pariser Bartholomäusnacht.

Sie brachte in Frankreichs Hauptstadt rund 3000 Hugenotten den Tod, im ganzen Reich zehnmal so vielen. Treibende Kraft des heimtückischen Meuchelmords war die Königsmutter Katharina von Medici.

Das erste Opfer wurde der Admiral, obwohl offiziell gerade Frieden im Lande vereinbart war und man gemeinsam eine Hochzeit feiern wollte. Die gedungenen Mörder drangen zur Nachtzeit in Colignys Pariser Privathaus ein, vorneweg ein deutscher Söldner. Der Hugenotte saß im Lehnstuhl und las. Ja, er las Calvins Kommentar über Hiob, einen Gottsucher des Alten Testaments. Als de Coligny die Übermacht der Häscher erkannte, sagte er zu dem Deutschen:

»Junger Mann, du wirst mein Leben nicht verkürzen.
Denn der Tod ist das Tor zum Leben.«

Der Mörder schlug ihm, als sich der Admiral nicht aus dem Fenster werfen ließ, kurzerhand den Kopf ab.

~

MARIE CURIE (1867–1934)
ist die einzige Frau, der zwei Nobelpreise verliehen wurden: 1903 der für Physik, 1911 der für Chemie. Schon in jungen Jahren war die gebürtige Polin, die als 24-Jährige nach Paris zog, weltberühmt. Ihr großer Kollege Albert Einstein, auch er ein Physiker, machte Madame Curie ein besonders schönes Kompliment: »Sie ist unter allen berühmten Menschen der einzige, den der Ruhm nicht verdorben hat.« Gemeinsam mit ihrem früh verstorbenen Ehemann Pierre schuf die

stets schwarz gekleidete Wissenschaftlerin die Grundlagen der Radiochemie. Sie entdeckte 1898 zwei neue Elemente, das Radium und das Polonium, und sie arbeitete erfolgreich an der medizinischen Nutzung ihrer Entdeckungen. Auf die eigene Gesundheit nahm sie keine Rücksicht; wie gefährlich radioaktive Strahlung sein kann, das erwies sich erst im Laufe ihres Forscherlebens. Ihre Hände waren durch die jahrzehntelangen Kontakte mit Radium zerstört, am Ende funktionierte auch die Blutbildung nicht mehr. Begleitet von ihrer Tochter Eve suchte Madame Curie im Sommer 1934 in den Schweizer Bergen Linderung. Mit dem Blick auf die sonnenüberfluteten Alpen gewann sie am Tag vor ihrem Tod, als das Fieber fiel, noch einmal eine trügerische Zuversicht:

»Nicht die Medikamente haben mir geholfen –
sondern das Land, die Höhenluft.«

DAGOBERT I. (605–639)

An das Haupthaar eines Königs aus dem Geschlecht der Merowinger durfte niemand ein Schermesser legen. Majestät saß, wenn es etwas zu regieren gab, auf einem vergoldeten Stuhl. Vier Löwenköpfe bleckten nach allen Himmelsrichtungen die Zähne. Aber das war nur noch Fassade. In Wirklichkeit hatte König Dagobert I.

die reale Macht längst an seinen Majordomus, den Hausmeier Pippin den Kurzen, verloren. Eigentlich sollten Pippin und der grundbesitzende Adel auf Befehl des Frankenkönigs das Reich regieren; immerhin erstreckte es sich vom Atlantik bis in die Sümpfe Ostdeutschlands. Außerdem wurde immerzu Krieg gegen alle möglichen Nachbarn geführt, am liebsten gegen die heidnischen Slawen. Doch der langhaarige Dagobert konnte sich gegen seine Grafen (sie waren seine Beamten) und die katholische Kirche (sie stellte ihm Bischöfe und des Lesens kundige Mönche) nicht durchsetzen. Deshalb zog er lieber auf die Jagd als in den Krieg. Außerdem feierte der letzte Merowingerkönig gern, weshalb er schon zu Lebzeiten »Der Nichtstuer« hieß.

Als der langhaarige Jägersmann mit 33 Jahren erkrankte, entwand Pippin der Kurze ihm endgültig alle Macht und übertrug sie seinem eigenen Haus, den Karolingern. Dagobert blieb ziemlich allein zurück. Er verabschiedete sich liebevoll von seinen Jagdhunden, die mit ihm treu durch dick und dünn gegangen waren:

»Auch von der besten Gesellschaft
muss man sich eines Tages trennen.«

CHARLES DARWIN (1809–1882)

Der englische Gentleman hatte über Korallenriffe, Rankenfüßler, Orchideen, Regenwürmer, Gemütsbewegungen des Menschen, auch über den Darwin-Finken, insektenfressende Pflanzen und über abgelegene Inseln geschrieben – alles ohne nennenswertes Echo. Die christlichen Kirchen in der Welt hat der Naturforscher – wie vor ihm nur Kopernikus mit seinem astronomischen Weltbild – dagegen durch ein einziges Buch in dauerhafte existenzielle Schwierigkeiten gebracht. Es trägt den Titel: *Über die Entstehung der Arten im Tier- und Pflanzenreich durch natürliche Züchtung, oder Erhaltung der vervollkommensten Rassen im Kampfe ums Dasein*, 1859. Noch 150 Jahre später darf in etlichen Ländern der Erde, darunter in einigen US-Bundesstaaten, dieser »Darwinismus«, die Theorie von der Entstehung der Arten, vom »Kampf ums Dasein«, nicht gelehrt werden. Sie enthüllt die Schöpfungsgeschichte der Bibel als Mythos. Dabei war Darwin dank eines Examens als Theologie-Bakkalaureus der Universität Cambridge berechtigt, Geistlicher der anglikanischen Staatskirche zu werden. Das wollte er aber nicht. Stattdessen fuhr der Sohn aus gelehrtem Hause, der auch medizinische, botanische und geologische Studien betrieben hatte, fünf Jahre (1831–1836) auf dem Forschungsschiff *H.M.S. Beagle* einmal um die ganze Welt. Der Dreimastsegler, nur 242 Tonnen und 66 Mann, sollte Land und Meere für Seine Majestät und die Royal Navy

erkunden. Charles Darwin, den die Besatzung liebevoll »unseren Fliegenfänger« nannte, entdeckte etwas
anderes: dass die verschiedenen Arten der Tier- und
Pflanzenwelt nicht seit irgendeinem Schöpfungstag
konstant bestehen, sondern sich allmählich aus einer
gemeinsamen Abstammung entwickelt haben. Motor
dieser Veränderungen sei die »natürliche Auslese«
infolge des ständigen Existenzkampfes. Darwins Gedanken, inzwischen unter Naturwissenschaftlern kaum
noch umstritten, trugen dem Gelehrten zu Lebzeiten
viel Ärger ein. Weil er sich jedoch ein zurückgezoge-
nes Dasein als englischer Landlord leisten konnte, litt
er darunter nur wenig. Seine präzise und gelassene
Beobachtungsweise blieb ihm lebenslang erhalten. Davon zeugt auch sein letztes Wort. Über den tödlichen
Ausgang seiner Herzerkrankung machte sich der
73-Jährige keine Illusionen. Deshalb analysierte er die
daraus resultierenden Gemütsempfindungen am Tag
vor seinem Tode, ehe er in Bewusstlosigkeit fiel, und
erkannte:

»Ich habe nicht die geringste Furcht zu sterben.«

DIANA, PRINZESSIN VON WALES (1961–1997)
Die geschiedene Ehefrau des britischen Thronfolgers
Charles, post mortem »Königin der Herzen« genannt,

verunglückte bei einer nächtlichen Autofahrt in Paris. Die Mercedes-Limousine prallte mit stark überhöhter Geschwindigkeit in einer Unterführung an einen Betonpfeiler und wurde vollständig zerstört. Der betrunkene Fahrer, ein Belgier, war sofort tot, ebenso Dianas damaliger Liebhaber, ein Ägypter. Der britische Leibwächter überlebte schwer verletzt; er hatte sich als Einziger angeschnallt. Die Prinzessin lebte noch, als die Retter nach wenigen Minuten eintrafen. Äußerlich war sie nur leicht verletzt, jedoch hatte der Aufprall ein größeres Blutgefäß, das Herz und Lunge verbindet, weit aufgerissen. Sie verblutete innerlich. Daran konnte weder die nächtliche Notoperation noch eine anschließende Herzmassage etwas ändern. Als Feuerwehrleute die prominente Adlige aus dem Autowrack befreiten, erwachte Diana, der Blut auch aus Ohren und Nase lief, kurz aus ihrer Bewusstlosigkeit und fragte den uniformierten Helfer Carlos Zaglia auf Englisch:

»*Was ist passiert? Was ist hier los?*«

~

MARLENE DIETRICH (1901–1992)
Die Berlinerin war der deutsche Weltstar des vergangenen Jahrhunderts. Hollywood lag ihr zu Füßen. Ihre Filme *Der blaue Engel* (1929), *A Foreign Affair*

(1948), *Zeugin der Anklage* (1957) sind noch immer Kult. Mit rauchiger Stimme hat die Dietrich, die eigentlich Geigerin werden wollte, unvergängliche Chansons gesungen. Doch dass Ruhm und Größe sich als so langlebig erweisen, liegt auch am unvergleichlichen Charisma der Diva (nicht unbedingt an ihrem Charakter). Sie war eine schöne Frau mit berühmt langen Beinen, sie war fleißig, selbstbewusst und tapfer. Sie hielt ihre Verehrer, falls nötig, auf Distanz, auch im Alter, welches viele Beschwernisse und Leiden für sie bereithielt. Als 71-Jährige stürzte sie nach einer Vorstellung in den Orchestergraben und verletzte sich das Bein; die Wunde heilte nicht, und dennoch setzte die Dietrich die Tournee fort. Mit 73 Jahren wurden ihre verengten Herzkranzgefäße in einer dramatischen Operation in Texas durch Bypässe überbrückt. Im folgenden Jahr brach sie sich die Hüfte, schließlich auch den Oberschenkel. Erst danach beendete die Schauspielerin, Sängerin und Autorin ihre aktive Berufstätigkeit. Sie zog sich in ihre Pariser Wohnung in der vornehmen Avenue Montaigne zurück. Für die Öffentlichkeit wurde Marlene Dietrich weitgehend unsichtbar. Sie wollte nicht als Greisin im Gedächtnis bleiben, sondern als Star. Es wurde einsam um sie. Ihre guten alten Freunde – Ernest Hemingway, Maurice Chevalier, Erich Maria Remarque, Jean Gabin – starben vor ihr; auch ihr Ehemann, mit dem sie 53 Jahre lang verheiratet war, davon 46 Jahre getrennt. Herz und Gedächtnis ließen nach. Die Altersschwäche war ihr

bewusst, doch nahm sie ihr nicht das Selbstbestim-
mungsrecht. Einem Priester wies sie die Tür: »Ich
habe demnächst einen Termin bei Ihrem Boss.« Das
Telefon war ihre letzte Verbindung zur Welt. Bevor sie
an einem schönen Tag im Mai ganz friedlich in der
eigenen Wohnung einschlief, sagte sie einem Freund:

»Wir wollten alles, und wir haben es bekommen,
nicht wahr?«

FJODOR DOSTOJEWSKI (1821–1881)

war, so sagte Thomas Mann, »ein zuckendes, alle
Augenblicke in Krämpfe verfallendes Nervenbündel«.
Er litt an Epilepsie, die als von Gott gesandte »Beses-
senheit« galt. Der geborene Moskauer war bis zu seinem 28. Lebensjahr ein militanter Sozialist und Atheist
(da hatte er noch keine Epilepsie). 1849 verurteilten
ihn die Richter des Zaren wegen seiner Gesinnung
zum Tode durch den Strang. Im letzten Moment wurde er zu vier Jahren Strafarbeit und vier Jahren Sibirien
begnadigt. Seit diesem Erweckungserlebnis war er ein
frommer russisch-orthodoxer Christ (und litt an Fall-
sucht). Sein »kolossales Lebenswerk von unerhörter
Neuheit und Kühnheit« (Thomas Mann), im Ergebnis
die Schöpfung des modernen Romans, konnte ihn,

wie Gogol, nicht ruhig oder gar zufrieden machen. Zumal er obsessiv die immerwährende Nähe von Weihrauch, Ikonen, Kerzen und Popen suchte. Die russische Seele, sagte Dostojewski im Jahr vor seinem Tod auf einer Feier zu Ehren Puschkins, sei »all-menschlich und allvereinend«, bestimmt zu »großer Harmonie« und fähig, »endgültig Versöhnung in die europäischen Widersprüche zu bringen«. Seine Zu-hörer waren so begeistert, dass viele weinen mussten und einige in Ohnmacht fielen. Sein eigenes Glück hielt sich in Grenzen. Nachdem er gewaltsam einen Bücherschrank verrückt hatte, wobei in der Lunge eine Ader platzte und er sich dann noch mit seiner Schwes-ter einen lebhaften Erbstreit lieferte, war er dem Tod anheimgegeben.

»Es ist mir gerade klar geworden, dass ich heute sterben werde«,

sagte er am Morgen seines Todes zu seiner Ehefrau. Dann musste Anja eine geweihte Kerze entzünden und ihm aus der Bibel vorlesen.

»Halte mich nicht zurück«,

bat Fjodor Dostojewski danach und starb wenige Minuten später.

~

Dschingis Khan (1162–1227)

Die mongolischen Reiter des Dschingis Khan waren unbesiegbar. Sie führten Pfeil und Bogen, den Krummsäbel, Lanze und Schild. Ihre Tiere stammten vom Urwildpferd (*Equus przewalskii*) ab, und entsprechend zäh waren sie auch. Pro Woche legten sie locker 600 Kilometer zurück. Mit dieser Reiterarmee konnten die Barbaren aus der asiatischen Steppe Blitzkriege führen, dass es nur so staubte. Dschingis Khan, den viele Kenner für den größten Militärstrategen der Menschheitsgeschichte halten, führte oft einige zehntausend Berittene in die Schlacht. Sie standen auf Zehenspitzen in runden Steigbügeln, ihre Gegner, die gepanzerten Ritter, saßen im Sattel. Ein Mongole konnte nach rechts zielen, vorsichtshalber einen Blick nach links werfen und in vollem Galopp sogar nach hinten schießen. Ihre Bogen waren aus Maulbeerholz, der Pfeil hatte eine tödliche Spitze aus Kamelknochen. Ein leichter fünffacher Lederschutz schützte Pferd und Mann. Die Nachricht von einem neuerlichen Sieg des Dschingis Khan verbreitete sich als »Tartarenmeldung« rasch in die ganze bekannte Welt. In den mongolischen Zeiten im 13. Jahrhundert regierten die Söhne des Herrschers das größte Weltreich der Menschheit: von China und dem Pazifischen Ozean bis nach Westeuropa, inklusive Teilen von Indien und dem Orient.

Deshalb ist der Titel des Nomaden durchaus angemessen: »Dschingis Khan« heißt übersetzt »rechter Weltherrscher« oder »ozeangleicher Herrscher«. Er war klein, zäh und grausam im Kampf, danach aber für die Besiegten ein souveräner Herrscher, der Handel und Wandel schützte und als Analphabet eine Schriftsprache einführte. Die Kommunikation zwischen Asien und Europa funktionierte zu Zeiten des Mongolenfürsten tadellos. Er selbst mochte, obgleich er Städte bauen ließ, partout nicht sesshaft werden. Lebenslang wohnte Dschingis Khan, von dem es offiziell hieß, er stamme von einem »vom Ewigen Himmel gezeugten schicksalsergebenen Wolf« ab, im Zelt. Die Steppe und der Krieg waren sein Metier, natürlich auch die Jagd. Dabei fiel er – Ironie des Schicksals – vom Pferd, einem Rotfuchs, der sich aufbäumte. Der 65-Jährige erlitt innere Verletzungen und wurde auf weiche Felle gebettet. Seine Lieblingsfrau Yesui hatte das finale Unglück offenbar befürchtet und den großen Khan sanft an die Sterblichkeit auch der bedeutendsten Menschen erinnert. Dschingis Khan, dessen wilde Feldzüge drei bis fünf Millionen Menschen den Tod gebracht haben, zeigte sich milde und sogar einsichtig. Sein überliefertes letztes Wort:

>*Ich habe geschlafen, als ob ich nie*
>*vom Tod erfasst werden könnte.*«

Dann stieg er »zum Himmel auf«, dem mongolischen. Sein Grab, irgendwo in der Steppe, ist trotz vieler Anstrengungen bis heute nicht gefunden worden. Der Herr aller Pferde hatte 1000 seiner Reiter über die

Grablege galoppieren lassen, um alle Spuren für immer zu verwischen.

BUENAVENTURA DURRUTI (1896–1936)

Nur die armen Leute liebten ihn. Alle anderen Spanier hassten den Anarchisten Durruti, Mechaniker von Beruf, Revolutionär aus Leidenschaft. Er hatte die ehrwürdige katholische Kirche gegen sich, denn er sprengte während des Bürgerkriegs 1936 ihre Gotteshäuser und stellte Priester und Nonnen, die dem Glauben nicht abschworen, an die Wand. Die Wohlhabenden verfluchten den Rabauken aus Leon, denn er schaffte das Geld ab. Allen Staatsdienern erschien Durruti als Leibhaftiger, weil seine Kombattanten (in guten Zeiten 3000 Bewaffnete) die Gefängnisse öffneten und in jedem Archiv Feuer legten. Die Bordelle ließ er schließen – »Ein Anarchist kauft sich keinen Kuss« –, in den Wirtshäusern wurde der Wein knapp. Die Kommunisten schließlich, schon von Stalin geführt, hatten anderes im Sinn, als Erzbischöfe wegzubomben; sie trieben lieber Geopolitik. So fand der Schlachtruf des ungestümen Spaniers 1936, während des kurzen Sommers der Anarchie, nur dort Widerhall, wo er die Gewehre kommandierte: »Wir sind die Miliz der Freiheit! An die Front! Auf die Barrikaden!« Als Madrid im November 1936 an die Truppen des faschistischen Putschgenerals Francisco Franco zu fallen drohte, zog Durruti mit seiner Truppe unter der schwarz-roten Fahne der Anarchie in die Hauptstadt ein.

In einer requirierten schwarzen Limousine inspizierte Durruti die Front. Als er ausstieg, traf ihn eine Kugel in die Brust. Wer hatte den Anführer der Anarchisten erschossen? Der Feind? Ein kommunistischer Attentäter? Die eigene Leibgarde? Die Wahrheit ist jahrzehntelang verschleiert worden. Sie war einfach zu banal …

Durruti starb, weil er sich mit seiner eigenen Flinte, dem gefürchtet labilen Schnellfeuergewehr »Naranjero« (Orangenbaum) beim Aussteigen versehentlich selbst in die Brust schoss. »Er war immer viel zu leichtfertig«, urteilte später sein Chauffeur. Dieser fuhr den sterbenden Chef ins Lazarett der katalanischen Milizen. Dort verlor Buenaventura Durruti das Bewusstsein. Als er noch einmal erwachte, sorgte er sich.

»*Zu viele Komitees, zu viele Komitees*«,

flüsterte er. Das hatte den Anarchisten an Spaniens Hauptstadt am meisten gestört, dass an jeder Straßenecke ein selbstständiges Komitee die Revolution vorantrieb. Damit war es nach Durrutis Tod bald vorbei. 1939 übernahm »Generalissimo« Franco endgültig die Macht in Madrid – für 34 Jahre.

JOSEPH VON EICHENDORFF (1788–1857)

Der Freiherr war ein braver Mann. Glücklich verheiratet in erster Ehe, liebevoller Vater, Beamter des Königs von Preußen, ein Jurist und Geheimer Regierungsrat. Als Lyriker und romantischer Erzähler sah die Sache schon anders aus. Seine berühmteste Novelle hieß *Aus dem Leben eines Taugenichts*, in den Gedichten ging es um Wanderschaft, Sehnsucht und Abenteuer: »Ich möcht als Reiter fliegen/Wohl in die blutge Schlacht ...« Der schlesische Katholik, ein adliger Herr ohne exzentrische Attitüde, hat der Nachwelt die wohl schönsten und volksnahesten romantischen Gedichte hinterlassen: »Es war, als hätt der Himmel/Die Erde still geküßt ...« – »Wem Gott will rechte Gunst erweisen/Den schickt er in die weite Welt ...« – »Dämmerung will die Flügel spreiten ...« Zu Lebzeiten blieb dem Dichter, obwohl er auch als Leutnant in Lützows wilder verwegener Jagd während der Befreiungskriege gegen Napoleon geritten war, jede öffentliche Anerkennung versagt. Den einzigen Orden verlieh ihm der kunstsinnige bayerische König Maximilian II. im Jahr 1853, kurz vor seinem Lebensende. Eichendorff, der in hundert Gedichten den Tod besungen hat – »Ich möcht am liebsten sterben/Da wärs auf einmal still« –, tat sich schwer in seinen letzten Stunden, obwohl er tief fromm war. Als Witwer lebte er bei seiner liebevollen Tochter Therese in Neiße/Schlesien. In der Nacht vor seinem Tod rief er sie leise an sein Sterbelager. »Vater, wünschst du etwas?«

»O nein, nur sprechen will ich dich,
mir ist so bange.«

In seinen letzten Stunden, so Therese, lag er dann »ganz unbeweglich, ein Bild der tiefsten Ruhe, und atmete langsamer und immer langsamer, bis der Atem stockte und zuletzt ganz sanft, ohne Todesröcheln aufhörte«.

ALBERT EINSTEIN (1879–1955)

Das Genie aus Ulm ist – in Konkurrenz zu Luther, Beethoven und Beckenbauer – der berühmteste Deutsche aller Zeiten. Wenn man ihn denn als Deutschen vereinnahmen kann: Der Gelehrte – er hat das physikalische Weltbild der Menschheit so grundlegend umgewälzt wie vor ihm nur der Alexandriner Ptolemäus und der Engländer Newton – war zwar von Geburt Deutscher, hat danach aber auch noch die Schweizer, österreichische und amerikanische Staatsbürgerschaft erworben. In Wahrheit ist Albert Einstein wohl ein Weltbürger gewesen, dazu (meistenteils) Pazifist, Zionist, talentierter Geiger und Frauenheld.

Übrigens ist er niemals sitzen geblieben, das ist nur ein Märchen für schwach begabte Schüler. Richtig hingegen ist, dass der Nobelpreisträger keine Blitzkarriere hinlegte. Nach dem Studium an der Zürcher Eidgenössischen Technischen Hochschule brummte er ab 1902 erst mal sieben Jahre als Beamter am Eidgenössischen Amt für geistiges Eigentum in Bern ab, sein Titel: »Technischer Experte III. Klasse«. Der Patentamt-Job muss ihm viel Zeit für kreatives Denken gelassen haben. 1905 publizierte Einstein vier wissenschaftliche Arbeiten, eine kühner als die andere. Einigermaßen verständlich ist davon nur seine Dissertation über Moleküldimensionen – 17 Seiten lang, ohne eine einzige Literaturangabe, weil alle Erkenntnis dem eigenen Kopf entsprang. Die anderen drei Arbeiten begründeten die Quantentheorie und die spezielle Relativitätstheorie. Die berühmte Formel $E = mc^2$ haben damals nicht mal die Physiker verstanden. Im Prinzip geht es darum, dass Zeit und Raum keine unveränderlichen Größen sind und dass Masse verfestigte Energie und umgekehrt Energie freigewordene Masse ist. Einsteins Theorien sind inzwischen experimentell bestätigt. 1909, mit immerhin dreißig Jahren, wurde er Professor. 1921 wurde ihm der Nobelpreis verliehen. Seit 1914 in Berlin, wurde er zum mythischen Helden einer neuen Zeit. Die Nazis hassten ihn – sein revolutionäres Gedankengebäude nannten sie den »jüdischen Weltbluff«. Als er 1932 in die USA emigrierte, legte die Bundespolizei FBI eine dicke, zuletzt 1500 Seiten starke Akte über ihn an, von wegen Spion, Kommunist und verrückter Erfinder. Einsteins legeres Auftreten, seine liberale Lebensführung, sein Großmut und manche skurrile Attitüde (oft vergaß er, sich Socken anzuziehen) machten den weißhaarigen Witwer zu einem überall verehrten Universalgelehrten und geliebten Unikum.

1948 entdeckten die Ärzte bei ihm eine krankhafte Erweiterung der Hauptschlagader, ein »Aortenaneurysma« im Bauchraum. Einstein verweigerte die Operation, weil er es für »geschmacklos« hielt, »das Leben künstlich zu verlängern«. Die Weigerung war hellsichtig und richtig, denn bei der Sektion – sieben Jahre später – zeigte sich, dass das Aneurysma wegen Verwachsungen mit dem Darm ohnehin inoperabel gewesen wäre. Außerdem hatte der alte Herr eine Leberzirrhose, nicht vom Alkohol, sondern als Folge einer infektiösen Leberentzündung während des Ersten Weltkriegs. Albert Einstein starb sehr gelassen. Seiner Stieftochter sagte er zum Abschied:

»Ich habe meine Sache hier getan.«

Sein Leib wurde wunschgemäß verbrannt, die Asche in einen Fluss gestreut. Das Gehirn des Genies, in Spiritus konserviert, hat ein Pathologe privatisiert.

ELISABETH I. (1533–1603)

Es waren harte Zeiten, als Elisabeth Königin von England wurde. Ohne viel Federlesen konnte man auch als Mitglied der herrschenden Klasse in ein finsteres Gefängnis geworfen werden oder den Kopf auf dem Richtblock verlieren. Elisabeths Vater, König Heinrich VIII., hatte ihre Mutter Anna Boleyn in jungen Jahren köpfen lassen, und die Tochter saß schon als 21-Jährige im Londoner Tower ein. Mit 23 Jahren war sie aber bereits eine fast allmächtige Königin, was ihre katholische Konkurrentin Maria Stuart zu spüren bekam. Friedrich Schiller hat die Geschichte dramatisch überhöht.

Elisabeth war nicht ganz so schön wie ihre Mutter und nicht so grausam wie ihr Vater. Da sie lebenslang ledig blieb, liquidierte sie niemals einen Ehepartner; alle ihre Liebhaber kamen reich beschenkt davon. Ihr eigentlicher Lebensinhalt war das Regieren, und sie beherrschte es in bewundernswerter Weise. Elisabeth war fleißig. Das galt damals nicht als Tugend des Hochadels. Unter ihrer 45-jährigen Herrschaft stieg England zur führenden See- und damit Weltmacht auf, wurden Ackerbau und Handel gefördert und sogar die Staatsschulden reduziert. Sie überlebte gut gelaunt den Bann des Papstes, war nebenbei das Oberhaupt ihrer eigenen, der anglikanischen Kirche, und als die spanische Armada versenkt wurde, führte Elisabeth I. dabei den Oberbefehl. Sie siegte in allen großen Kämpfen ihres Lebens, naturgemäß nicht im allerletzten.

Noch in der Sterbestunde regierte sie, denn es gab doch so viel zu tun. Sie fühlte sich schwer unter Arbeitsdruck:

»Alle meine Besitzungen für einen Augenblick Zeit.«

Kaiserin Elisabeth von Österreich, genannt Sissi (1837–1898)

wurde von dem italienischen Anarchisten Luigi Lucheni ermordet. Erst nach ihrem Tod wurde sie verkitscht und danach volkstümlich. Zu Lebzeiten galt die bayerische Prinzessin aus dem Hause Wittelsbach, die als 16-Jährige dem österreichischen Kaiser Joseph I. vermählt worden war, als kühl und egozentrisch. Ihre hoheitlichen Pflichten gab sie, obgleich fast ein halbes Jahrhundert Kaiserin, frühzeitig auf. Sie resignierte, flüchtete ins Private, war inkognito viel auf Reisen und sorgte sich mehr um ihre schlanke Figur und das volle Haar als um das Reich der Habsburger im Niedergang. Ihrem Mörder, einem 21-jährigen italienischen Wanderarbeiter, begegnete sie auf der Seepromenade in Genf. Lucheni glaubte fest daran, dass die Revolution durch die Brust der Könige führt. Mit voller Wucht stieß er deshalb der zarten Frau eine eigens präparierte Dreikantfeile tief in die Brust. Der Herzmuskel wurde aufgerissen, seinerzeit war das der sichere Tod. Die Kaiserin, nur begleitet von einer Herzogin, stürzte, raffte sich wieder auf und antwortete auf die Frage, ob sie Schmerzen habe: »Ich weiß nicht. Ich glaube, meine Brust schmerzt.« Aus eigener Kraft ging sie, während sie innerlich langsam verblutete, wie geplant an Bord eines Ausflugsdampfers. Dort wurde sie bewusstlos. Als Sissi das letzte Mal kurz die Augen öffnete, fragte sie:

»Was ist geschehen?«

Man trug sie auf einer improvisierten Bahre in ihr benachbartes Hotel Beau Rivage, sie erhielt die Letzte Ölung und starb eine Stunde nach der Attacke.

Luigi Lucheni, ein Anhänger der »Propaganda der Tat«, wünschte sich die Todesstrafe, doch die war im Kanton Genf bereits abgeschafft. Nach zwölf Jahren im Gefängnis erhängte er sich. In seinen Aufzeichnungen zog er die Bilanz: »Ich bereue nichts.« Sein Kopf wurde nach dem Tode abgetrennt und wird noch immer, konserviert in Spiritus, in Wien aufbewahrt.

～

ERASMUS VON ROTTERDAM (1469–1536) war katholischer Geistlicher und der bedeutendste Humanist des Mittelalters. Sein Einfluss auf Kirche, Könige und Päpste war ungewöhnlich nachhaltig, erfasste das ganze abendländische Europa, zwang Martin Luther, den anderen bedeutenden Mönch jener Zeit, zu immer neuen theologischen Disputen und ließ die Interessierten dennoch am Ende für Jahrhunderte ratlos zurück. Denn Erasmus war, wie ein Kritiker erkannte, ein großer »Meister der vollendeten Undeutlichkeit«, ein souveräner Herr der lateinischen und anderer Sprachen, stets vieldeutig und nicht festzunageln, schon gar nicht als Ketzer. Diese Geschmeidigkeit hatte der Niederländer von Kindheit an trainieren müssen, denn er war der illegitime Sohn eines Geistlichen und einer Arzttochter. Der ehrwürdige Orden der Augustiner-Chorherren bot dem Jüngling eine Bleibe, hatte an dem unruhigen Bruder, 1492 zum Priester geweiht, aber wenig Freude, denn Erasmus nahm sein Gelöbnis der »stabilitas loci« (Ortsfestigkeit) niemals ernst. Er lebte in Frankreich, England und Italien, in Freiburg und zuletzt wieder in Basel. Seine Bücher (*Lob der Torheit* und *Vom freien Willen*, beide heute noch unterhaltsam zu lesen), seine Übersetzungen und die profitable Zusammenarbeit mit einem tüchtigen Vertreter der gerade erfundenen Druckerkunst machten den Mönch populär und wohlhabend. Nur seine zarte Gesundheit beklagte Erasmus lebenslang, ganz anders als Martin Luther, der robuste Kämpfer. Was die wechselnden Ärzte am prominenten Theologen ausprobierten, entsprach zwar dem damaligen Stand der Wissenschaft, erweist sich aber aus heutiger Sicht als mittelalterlicher Irrtum. So empfahlen

sie dem gichtkranken Erasmus reichlich Burgunder-
wein als Therapeutikum und gegen die schmerzhaften
Nierensteine die ebenso unangenehmen wie wirkungs-
losen Blasenpflaster. Mit 42 Jahren fühlte sich der
Humanist bereits als »Greis«, lebte aber noch ein Vierteljahrhundert, nachdem er »den Ärzten Lebewohl
gesagt« und sich »ganz Gott zugewandt« hatte. Die
letzten drei Tage, bettlägerig und seines nahen Todes
bewusst, betete er die immer gleichen Worte auf Lateinisch: »Herr, erlöse mich! Herr, erbarme Dich! Herr,
mach ein Ende.« Als es so weit war, flüsterte er noch
zwei Worte auf Flämisch, der Sprache seiner Kindheit:

»Lieve God!« –
Lieber Gott.

JOHANN GOTTLIEB FICHTE (1762–1814)

Weil sein Vater nur ein armer Weber war, noch dazu in
der ebenso armen Oberlausitz, blieb dem begabten
Knaben Johann Gottlieb nur das protestantische Theo-
logiestudium. Das war seinerzeit die erste Stufe zum
Akademikertum, so wie heute die Sozialarbeit oder
die Pädagogik, gefördert von Staat und Kirche. Ein
braver Geistlicher wurde Fichte aber nicht, weil er
schon als junger Student vom geraden Weg der evangelischen Dogmatik abkam. »Die moralische Weltord-

nung ist das Göttliche selbst«, befand er – doch mit dieser selbstgeschöpften Theologie wurde man nicht ordiniert. Fichte musste Hauslehrer bei den Kindern reicher Leute werden; nach Feierabend widmete er sich der Philosophie.

Auf diesem Feld dachte der Idealist sowohl über das »deutsche Wesen« als auch über die »Freiheit« und das tätige, schöpferische »absolute Ich« nach. Seine Schriften machten Furore. Er wurde ordentlicher Professor der Philosophie. Seine Spezialität in diesen bewegten Zeiten, die Napoleon prägte, war das Mixtum von Politik und Ethik, dem lieben Gott und Preußens Königen. In seiner Schrift *Der geschlossene Handelsstaat* (1800) konzipierte Fichte gleich ein ganz neues Reich: der Staat (Arbeitgeber) regelt die Verteilung der Arbeit wie auch des vollen (!) Arbeitsertrages und alle (!) Handelsbeziehungen zu anderen Staaten. Auf diesem Beamtentraum bestand der Denker jedoch nicht. Er warf sich stattdessen wenig später mit großem Enthusiasmus auf die preußische Militärpolitik und hielt umjubelte *Reden an die deutsche Nation* (1807/08). Sein Angebot, das mobile Hauptquartier der Preußen im Befreiungskrieg gegen Napoleon (1813) als »religiöser Redner« zu begleiten, wurde zu seinem Kummer abgelehnt.

Auf makabre Weise verlor der mittlerweile in Berlin heimische Philosoph trotzdem sein Leben durch den Krieg. Er infizierte sich am »Lazarettfieber«, das wegen der vielen verwundeten Soldaten in der Stadt grassierte. Gegen die bakterielle Mischinfektion half wenig. Auch auf dem Sterbebett bewahrte sich Johann Gottlieb Fichte die ihm eigene Besserwisserei.

>*Ich brauche keine Medizin mehr*«,

belehrte er seine Ärzte,

>*ich fühle, dass ich geheilt bin.*«

Dann holte er noch mal tief Luft und starb.

»DUTCH SCHULTZ«, EIGENTLICH: ARTHUR FLEGENHEIMER (1902–1935)

Dass sich der Mensch zu Rauschdrogen, Glücksspiel, Prostitution und Abtreibung einen Zugang bahnt, auch wenn Strafandrohungen im Wege stehen, hatte man dem aufgeweckten jungen Arthur aus Harlem nicht in der Volksschule, sondern im Knast beigebracht; er saß wegen Einbruchs. Die anderen Arbeitsfelder, vor allem Drogen und Glücksspiel, erschienen dem New Yorker Nachwuchskriminellen nach seinen Lehrjahren und am Ende der Knastfortbildung viel profitabler als das Einbrechen, und so wurde er unter seinem Szenenamen »Dutch Schultz« einer der berühmtesten Gangster der berühmten zwanziger Jahre. Richtig groß gemacht hat ihn das Herstellungs- und Ausschankverbot für Alkoholika aller Art, die »Prohibition«. Sie war in den USA von 1920 bis 1933 verordnet. Schultz galt bald als der »King of Beer«. Nebenbei erpresste seine Bande Schutzgelder. Dabei ging es nicht fein zu. Einmal infizierte Dutch Schultz einen Zahlungsunwilligen mit dem Eiter eines Tripperkranken – direkt in die Augen, damit der erblinde. Als die Prohibition gefallen war, betätigte sich der Gangster erfolgreich als illegaler Lotterieeinnehmer. Weil man die Claims nicht einvernehmlich abstecken konnte oder wollte, schickten Nebenbuhler ihm drei Kollegen von »Albert Anastasia's Murder Incorporation« in sein Lieblingslokal. Erst liquidierten diese mit großkalibrigen Faustfeuerwaffen zwei Leibwächter, dann nahmen sie Dutch Schultz in der Toilette unter Feuer.

Er lebte noch genau 24 Stunden. Darm und Leber waren irreparabel zerstört. Die ganze Zeit saß ein Stenograf des Police Departement am Sterbebett und schrieb Wort für Wort mit. Schultz trat noch schnell vom jüdischen zum katholischen Glauben über. Dann erschienen nacheinander die Ehefrauen des Trigamisten. Schließlich begann er im Fieberwahn und unter Opium zu phantasieren. Die Namen seiner Mörder verschwieg er jedoch bis zum Schluss. In seinen letzten Worten sorgte er sich um den Kellner und die Zeche:

»Ich möchte zahlen. Ich hatte Bohneneintopf.«

Theodor Fontane (1819–1898)

Sein ganzes langes Leben war der »Apotheker erster Klasse«, Barrikadenkämpfer, Auslandskorrespondent, Theaterrezensent, Reiseschriftsteller, Militärberichterstatter, Dichter und preußische Romancier mobil und belastbar, im letzten Jahrzehnt seines Lebens besonders produktiv (*Frau Jenny Treibel, Effi Briest, Der Stechlin*). Das hinderte den Berliner nicht, im Alter von 75 Jahren zu klagen: »Ohne robuste Gesundheit bin ich ins Leben getreten«, ganz sicher eine Fehldiagnose. Gegen sein Altersleiden, Herzschmerzen infolge einer Verengung der Herzkranzgefäße, versuchte Fontane keines der Mittel, die er als Apotheker 14 Jahre seines Lebens anderen empfohlen hatte; er glaubte nicht einmal an Digitalis. An seinem Todestag schrieb er noch ein Gedicht – »Als ich zwei dicke Bände herausgab« –, dann bittet er seine geliebte Tochter Mete, die als Einzige anwesend ist, kurz vor Sonnenuntergang:

> *»Bring mir doch bitte einen Likör*
> *für mein schwaches Herz.«*

Als sie ins Schlafzimmer kommt, liegt Theodor Fontane friedlich auf seinem Bett. Sein altes Herz hat aufgehört zu schlagen.

FRANZISKUS VON ASSISI (1182–1226)

Ihm blieb wenig Zeit, *der* charismatische Heilige des Mittelalters zu werden. Die ersten 23 Jahre seines Lebens vertändelte der wohlhabende italienische Kaufmannssohn als Offizier und Liebhaber. Erst als Gott ihn persönlich mahnte, wurde er zum Radikalen: Er praktizierte von da an vollständige Armut, pflegte Aussätzige, predigte als »Bruder Immerfroh« auch den Fischen und den Vögeln. Seine Gefolgschaft wuchs rasch: Bettler und Entwurzelte, Gottsucher, Vaganten. Franziskus nannte sie bescheiden »Mindere Brüder«. Schon als 28-Jähriger wurde er vom Papst zum Oberen seines neuen Ordens ernannt, der späteren »Franziskaner«.

Unermüdlich trieb es den »Poverello«, den armen Bettler, auf Missionsfahrten. Er redete in Ägypten sogar dem muslimischen Sultan ins Gewissen (wenn auch ohne Erfolg). Als er an Lungentuberkulose erkrankte, freute er sich auf Sterben und Tod.

»*Willkommen, mein Bruder Tod!*«, jubilierte er, der nun auch, als erster Mensch des Mittelalters, die Wundmale Christi zeigte. Den Stigmatisierten trugen die Brüder zurück in die Heimat und legten ihn wunschgemäß auf den blanken Steinfußboden seines Klosters. Nach Sonnenuntergang betete er den 141. Psalm:

»Führe meine Seele aus dem Kerker, damit ich Deinen Namen preise.«

Es waren seine letzten Worte. Schon zwei Jahre darauf wurde Franziskus in Rom heiliggesprochen, bereits siebzig Jahre später zählte sein Orden 40 000 Brüder und Schwestern – heute sind es noch etwa halb so viel.

~

SIGMUND FREUD (1856–1939)

Der Wiener Nervenarzt, Entdecker des Unbewussten in jedermanns Seele und Vater der »Psychoanalyse«, hat sein eigenes Inneres so ausführlich beschrieben, dass die Nachwelt von dem bärtigen Medicus und seiner Behandlungscouch alles weiß: Die »Freudianer« – weltweit sind es einige zehntausend hauptberufliche und viele Millionen Klienten – gruseln sich noch immer als Traumdeuter wie ihr Vordenker vor Bierkellern, Höllenmaschinen, einäugigen Kinderärzten, zweideutigen Angeboten und vor der Revolution. Sie spüren den sexuellen Trieben hinterher, vor allem den verbotenen, den seelischen Komplexen und dem Tabu, der Angst und den Illusionen – ganz so wie Freud, der über diese Themen höchst unterhaltsam (und ziemlich spekulativ) publiziert hat. Eigentlich wollte der in Mähren als Sigismund Schlomo Freud geborene Untertan der k.u.k.-Monarchie gar nicht Arzt werden, sondern lieber Wollhändler wie sein Vater. Er studierte auch ungebührlich lange (acht Jahre), entwickelte dann aber lebhaftes Interesse an der sich neu formierenden

Nervenheilkunde. Freud kaprizierte sich auf Hysterie und Hypnose und eröffnete 1886 beschwingt eine Nervenarzt-Praxis in Wien, Berggasse 19, nur für Privatpatienten. Die Praxis florierte, um Freud sammelten sich die ersten Verehrerinnen, seine Bücher wurden kontrovers diskutiert; als Gelehrter bleibt der wortmächtige Deuter jedoch lebenslang ein Außenseiter. Als Österreich sich 1938 mit »Sieg Heil« und Tschingderassabumm dem Deutschen Reich (und seinem österreichischen Führer Adolf Hitler) anschließt, wird die Lage des jüdischen Wissenschaftlers und aller anderen Juden im Land prekär. Der 82-jährige Freud beantragt notgedrungen für sich und seine vielköpfige Familie die Ausreise nach England, das ihn aufnehmen will. Seit 1923 leidet der starke Zigarrenraucher an einem Krebsgeschwür der Mundhöhle, das 30-mal operiert werden musste. Sein Leibarzt Dr. Max Schur begleitet ihn in das Londoner Exil. Der Krebs schreitet rasch fort, Freud kann nichts mehr essen, seine Schmerzen nehmen täglich zu, die Nächte werden unerträglich. Am 21. September 1939 – der Zweite Weltkrieg war drei Wochen alt, auf London fallen die ersten Bomben – bittet er seinen Arzt: »Lieber Schur, Sie haben mir versprochen, mich nicht im Stich zu lassen, wenn es so weit ist. Das ist jetzt nur noch Quälerei und hat keinen Sinn mehr.« Dr. Schur injizierte dem Patienten daraufhin eine Überdosis Morphium.

»Ich danke Ihnen. Sagen Sie es Anna.«

Anna war Freuds fürsorgliche Lieblingstochter. Der Vater schlief friedlich ein. Anna Freud und Dr. Schur wachten am Sterbebett. Der Hausarzt gab dem Patienten eine zweite Morphiuminjektion. Wenig später starb Sigmund Freud, 83 Jahre alt.

EGON FRIEDELL (1878–1938)

Der Wiener Schriftsteller, Schauspieler und Journalist war ein Urbild des intelligenten, rücksichtsvollen Herrn von Stand. Gute Manieren in jeder Lebenslage gehörten in seiner Schicht wohlhabender k.u.k.-Bürgerlichkeit einfach dazu. Friedell, glanzvoll und geistreich in allen seinen Schriften, ist durch seine dreibändige *Kulturgeschichte der Neuzeit* berühmt geworden. Er wusste, dass Adolf Hitler und die Nazis in Deutschland und Österreich für ihn und die durch ihn repräsentierte Kultur eine vitale Bedrohung darstellten. Seine Heimatstadt Wien, deren antisemitisches Potenzial groß war und vor dem Ersten Weltkrieg schon den verkrachten Kunstmaler Adolf Hitler mit Judenhass aufgeladen hatte, wollte er trotzdem nicht verlassen. Am 13. März 1938 erfolgte der »Anschluss« Österreichs an das Deutsche Reich. Hunderttausende von Wienern waren außer sich vor Begeisterung. Egon Friedell geriet in Panik. Als er drei Tage später, vom Balkon seiner Wohnung aus, schwarz gekleidete SS-

Männer auf das Haus zukommen und zwei von ihnen eintreten sah, verlor der jüdische Wiener die Nerven und sprang in den Tod. Er konnte ja nicht wissen, dass die SS nicht zu ihm wollte. Bis zur letzten Sekunde seinem Wesen treu, rief er den Gaffern und Uniformierten auf dem Bürgersteig warnend zu:

»Vorsicht, bitte!«

Friedrich Wilhelm I. (1688–1740)

So autoritär wie der preußische »Soldatenkönig« war später kein deutscher Monarch mehr. Der Berliner Regent prügelte mit seinem Krückstock ohne Vorwarnung die eigenen Soldaten für schmutzige Stiefel, falschen Marschtritt oder einen fehlenden Knopf am bunten Rock. Er installierte in seinen 27 Regierungsjahren die absolute Monarchie, nahm dem Adel viele Privilegien und den Bürgern hohe Steuern ab, trieb (wie später sein Sohn Friedrich II., genannt Friedrich der Große) der Bürokratie die Korruption aus und den Lehrern die Faulheit. Sein stehendes Heer, ein Novum der Militärpolitik, hatte 80 000 Mann. Er selbst sagte dem prunkvollen Hofleben Adieu und erfreute sich stattdessen an den »Langen Kerls«, Soldaten, die größer als 1,85 Meter sein mussten. Selbst klein und dick, trank und speiste er völlig maßlos, weshalb ihn die Gicht (»die Krankheit der Könige«) plagte, ferner Wassersucht und Kurzatmigkeit. Im »Tabakkollegium« gab er seinem Herzen den Rest; zugunsten des rabiaten Hohenzollern muss allerdings bedacht werden, dass seinerzeit Rauchen als gesund galt. Am Ende seines kurzen Lebens war er so dick, dass man ihn kaum in die Kutsche heben konnte. Im Schloss in Potsdam, bettlägerig und todgeweiht, ließ er seine Ehefrau Sophie Dorothea rufen, die er liebevoll »mein Fiedchen« nannte. Sie hielt seine Hand. Dann übernahm der Oberchirurg des Leibregiments die Krankenwache. »Wie lange hab ich noch zu leben?«, fragte Majestät. »Noch eine halbe Stunde, der Puls steht schon still.« Der König stieß den Arm in die Höhe und befahl: »Er soll aber nicht stille stehen!« Noch einmal ballte der Berliner die Faust und warnte den Tod:

>»Tod! Ick graule mir nich vor dir!«

Dann starb er.

~

FRIEDRICH II. (1712–1786)
König von Preußen, auch Fridericus Rex, Friedrich der Große und »Alter Fritz« genannt, ist bis heute der populärste aller preußischen Könige. Er regierte

46 Jahre, von 1740 an, führte etliche sehr riskante Kriege, blieb am Ende aber Sieger der Geschichte und sicherte Preußen eine Großmachtstellung. Der Sohn des »Soldatenkönigs« Friedrich Wilhelm I. war ein vielseitig begabter Mann, vor allem als Feldherr und Ordnungspolitiker, aber auch als Schriftsteller, Komponist und Aufklärer. Ob er, wie schon zu seinen Lebzeiten geraunt wurde, homosexuell veranlagt war und das auch praktizierte, ist zweifelhaft. Als 20-Jähriger wurde er verlobt, blieb aber kinderlos und ein Frauenfeind. Sein ganzes langes Leben verbrachte er in der Gesellschaft von Männern. Er war sehr tapfer und setzte seine Autorität rücksichtslos ein. Besonders zuwider waren ihm Untertanen, die auf seiner Tasche lagen. »Alle die Berliner seindt faul Deufelstzeuch die lieber Stellen als arbeiten wollen«, schrieb er in seinem holprigen Deutsch über die schon damals in Berlin vorhandene Neigung, in den »öffentlichen Dienst« einzutreten. Lehrer sollten sich als Schneidermeister ein Zubrot verdienen, meinte der König, bei den Professoren feuerte er »Pedanten und faule Bäuche«. »Alle unsere Landbaumeister sind Idiothen oder Betriger«, schrieb er 1748, und auch von den damals schon hochsubventionierten Künstlern hielt er gar nichts: »Die Opernleute sind eine solche Canaillen-Bagage, dass ich sie tausendmal müde bin.« Mit seinen Ansichten hielt er nie hinterm Berg. Neuerungen setzte er durch, auch wenn Kirche und Justiz dagegen waren. So schaffte Friedrich II. die Folter ab und kassierte beispielsweise

ein Todesurteil, das gegen einen Kavalleristen wegen Sodomie ergangen war, mit der berühmten Begründung: »Der Kerl ist ein Schwein, er soll zur Infanterie.«

Geplagt von Arthrose und Gicht – daher der Krückstock –, verlor er schließlich sogar die Lust am Musizieren – er hat mehr als 100 Sonaten für Flöte und Cembalo komponiert – und verbrachte seine letzten Jahre mürrisch im Potsdamer Schloss Sanssouci. Auf dem Totenbett ließ er sich von einem evangelischen Geistlichen aus dem Buch Hiob von der Gelassenheit in schweren Prüfungen vorlesen. Als der Pfaffe – so nannte Friedrich die Pastoren, denn er konnte sie nicht leiden und wollte, dass »jeder nach seiner Façon selig« wird – zum Vers 21 kam, wo geschrieben steht: »Ich bin nacket von meiner Mutter Leib gekommen, nacket werde ich wieder dahinfahren«, korrigierte er den Gottesmann mit Nachdruck: »Das ist nicht wahr. Ich werde meine Uniform tragen.« So endete die geistliche Tröstung. Beim sterbenden König waren jetzt nur noch zwei Lakaien und ein Kammerdiener. Er befahl ihnen, seinen alten Lieblingshund auf den Stuhl neben dem Bett zu setzen und sorgsam mit einem Federkissen zuzudecken. Gegen Mitternacht quälte den Alten Fritz eine Hustenattacke. Als sie vorbei war, sagte er:

»La montagne est passée, nous irons mieux.« –
Wir sind über den Berg, es geht uns besser.

Dann starb er.

Thomas Gainsborough (1727–1788)

Ob es wirklich einen Himmel gibt? Wie mag es dort zugehen und wen trifft man wieder? Spielen alle Außerirdischen Harfe, tragen Flügel, nähren sich von Milch und Honig? Wird man, von Engel zu Engel, die Bekanntschaft großer Männer oder Frauen machen dürfen, die man auf Erden immer schon mal kennenlernen wollte? Wie ist das mit der himmlischen Liebe zu verstehen? Bleibt der Fromme in der ewigen Seligkeit seinen irdischen Verträgen unterworfen, also – beispielsweise – verheiratet?

Alles unklar. Die Bibel schmückt den Himmel nur ganz allgemein als glückseligen Ort aus, erläutert aber keine Details. Christliche Heilige und Theologen haben das Paradies ganz nach Gusto ausgestattet, sind sich untereinander jedoch überhaupt nicht einig.

Es ist dennoch immer von Vorteil, ein phantasievoller Optimist zu sein, besonders, wenn man an den Himmel denkt. Eine solche Frohnatur war der berühmte englische Maler und Kupferstecher Thomas Gainsborough. Er malte Landschaften im graziösen Rokokostil und porträtierte immer wieder die Königsfamilie. Gainsborough war ein großer Verehrer des flämischen Malers Anthonis van Dyck, der hundert Jahre früher gelebt hat. Auf seinem Sterbebett versprach der Engländer:

»Wir kommen alle in den Himmel
und van Dyck wird auch dort sein.«

Mahatma Gandhi (1869–1948)

Er war ein Mann der Gewaltlosigkeit und, wenn nötig, des zivilen Ungehorsams. Diese Haltung predigte – und lebte! – er mehr als fünfzig Jahre lang. Der Inder saß als Freiheitskämpfer gegen die britischen Kolonialherren immer wieder im Zuchthaus und im Gefängnis, doch nie hätte sich der hochgeborene, in London ausgebildete Jurist zu etwas anderem hinreißen lassen als zu »Satjagraha«, dem Festhalten an der Wahrheit. Deshalb nannten ihn seine Landsleute nicht bei seinem Vornamen Mohandas Karamchand, sondern gaben ihm den Ehrentitel »Mahatma«, übersetzt aus dem Sanskrit: »dessen Seele groß ist«. Er predigte für die Versöhnung der Religionen, las seinen Hindus aus dem Koran vor, suchte das Los der niederen Kasten zu bessern und war persönlich völlig bedürfnislos. Jeglichen Personenschutz lehnte er ab. Deshalb hatte sein Mörder leichtes Spiel. Er schoss auf einem Gebetsplatz vor 500 Menschen aus einem halben Meter Entfernung mit einem Revolver dreimal auf Mahatma, der gerade ein Gebet sprechen wollte. Die letzten Worte des kleinwüchsigen, zerbrechlich wirkenden und doch so erfolgreichen Inders:

»He Ram!« –
O Gott!

Sein Mörder, ein Hindu, wurde zum Tod durch den Strang verurteilt.

GIUSEPPE GARIBALDI (1807–1882)

Wenn die Trommeln zum Kampf riefen, war der rast-
lose Italiener sofort zur Stelle, stets angetan mit einer
roten Bluse und einem schwarzen runden Filzhut.
Seine langen Haare wehten im Wind, der rote, später
weiße Vollbart wies die jeweilige Richtung. In seinem
bewegten Leben hat der Feuerkopf für und gegen Italiener gekämpft, für (1866) und gegen (1870/71) preußische Truppen, für und gegen die Franzosen, für
und gegen Araber. Der Abenteurer, heute als »Vater
des Vaterlands« verehrt, war mal zum Tode verurteilt,
vorübergehend in New York und Paris im Exil, mal
arm, mal reich, zeitweise Abgeordneter, General und
Gouverneur. Gern erinnerte sich der Seemannssohn
an die schönen Zeiten als Pirat und Kaperkapitän im
Dienste der südamerikanischen Republik Montevideo.
Gestorben ist er ganz friedlich als weißhaariger Greis
im Bett.

Dieses Ende auf der kleinen, von ihm zum Teil
angekauften Felseninsel Caprera, nordöstlich von Sar-
dinien, zeigt, dass Garibaldi aus Nizza (heute Frankreich) auch – wenn nicht gar vor allem – ein Held des
Als-ob war. Ein brillanter Agitator, lebenslang deko-
rativ gestylt, als Freischarführer respektiert und doch
stets zu einem Kompromiss oder der Flucht bereit.
Nur die nationale Einheit der Italiener, das »Risorgi-
mento« (Wiedererstehung) ließ er nie aus den Augen.
Er erlebte sie noch und wurde deshalb auf die alten
Tage »Vernunftmonarchist«. Auf Caprera schrieb er

auch noch schnell zwei kirchenfeindliche Romane. Entsprechend wird der Nationalheld heute überall in Italien verehrt, nur nicht im Vatikanstaat. Mit der Sittenlehre der katholischen Kirche hatte der Abenteurer außerdem seine Not, denn er zeugte mit drei Frauen fünf Kinder. Die letzte Geliebte, eigentlich war sie die Amme seiner Enkelin, heiratete er. Sie pflegte ihn liebevoll. Wegen seiner Atemnot und der Knochenschmerzen lag er auf Caprera zuletzt jahrelang darnieder, sein Blick ging vom Bett durch die offenen Fenster über den Balkon auf das Meer. Am 2. Juni 1882 setzten sich zwei Finken auf das Fensterbrett. Als man sie verscheuchen wollte, flüsterte Garibaldi:

»Lasst sie doch. Sie sind gekommen,
um mich abzuholen.«

Er schloss die Augen und starb.

JOSÉ ORTEGA Y GASSET (1883–1955)
Der gutaussehende, noch im Alter feurige Spanier war ein Freund der deutlichen Aussprache. Weil er schon in jungen Jahren den Lehrstuhl für Metaphysik der Universität Madrid erhielt, war Konfrontation sein

Leben. Als Philosoph äußerte er sich über Gott und die Welt, als Soziologe über die Elite und die Massen, als Macho über die Señoritas: »Die Frau ist kein Raubtier. Sie ist die Beute, die dem Raubtier auflauert.«

Seit 1914 war der Professor und königliche Beamte ein erklärter Republikaner, doch mit dem Caudillo Francisco Franco und einheimischen Anarchisten wie Buenaventura Durruti hatte er gleichermaßen nichts im Sinn. Dem Volk – den »Massen« – traute er ohnehin nur das Lynchen zu, solange Denker wie er – die »Elite« – es nicht auf dem rechten Weg hielten. Gegen Gewalt hatte der erfolgreiche Autor – 1929 veröffentlichte er *Aufstand der Massen* – eigentlich nichts, denn er fragte sich: »Was ist Gewalt anderes als Vernunft, die verzweifelt?« Als Gelehrter wollte er aber nicht ins Schussfeld wirklicher Gewehre geraten, weshalb er während des Spanischen Bürgerkrieges emigrierte nach Argentinien, Portugal und für kurze Zeit ausgerechnet auch in Hitlers Großdeutschland.

Als Ortega y Gasset nach Kriegsende wieder in Madrid lehrte, war er zum Pessimisten gereift: »Das Leben ist seinem inneren Wesen nach ein ständiger Schiffbruch.« Dass die katholische Kirche die Wirren in Spanien so prächtig überstanden hatte, missfiel dem elitären (oft auch arroganten) Denker ganz besonders. Ungebeten läuteten zwei Geistliche an seiner Tür, als es mit dem großen Spanier zu Ende ging. Sie wollten ihm partout die Sterbesakramente spenden, damit er nicht für immer ins Fegefeuer und die Hölle komme. José Ortega y Gasset wurde ein letztes Mal missmutig:

»In diesem Land lässt man einen nicht mal in Frieden sterben.«

CHARLES DE GAULLE (1890–1970)

Der französische Brigadegeneral war schon ziemlich betagt, als er 1958 in Paris noch einmal die Macht ergriff. Ein alter Mann muss aufrecht gehen und ein grimmiges Gesicht machen, lautete seine erste Lebensregel. Die zweite: Erst kommt Frankreich (»Vive la France!«), dann de Gaulle, sein großer Mystifikator – und dann lange gar nichts. Dem Zweimetermann, einem Lehrersohn aus der Provinz, gelangen im Laufe seines Lebens verschiedene politische Kunststücke. Und niemals scheute er das persönliche Risiko: 1916 brach er mehrfach aus kaiserlich-deutscher Kriegsgefangenschaft aus; 1940 wurde er von einem französischen Kriegsgericht in Abwesenheit zum Tode verurteilt; mehrere Attentate überlebte er unverletzt. Sein eigentliches Talent aber war die pathetische Rede, das ganz große Wort. Seinen Gastgeber Winston Churchill brachte der autoritäre Patriarch durch verbale Anmaßungen 1944 so in Rage, dass der den exilierten, landlosen Kleinadligen (»In bin Frankreich!«) verhaften lassen wollte. Weil sich de Gaulles Bild von seinem Vaterland in der Regel nicht mit der Wirklichkeit des französischen Lebens deckte, verfiel er wiederholt in langjährige Phasen depressiver Resignation: »Wie soll man ein Land regieren, in dem es 400 Käsesorten gibt?« Rat oder gar ärztlicher Beistand vertrugen sich nicht mit der Vorstellung des französischen Präsidenten von Grandeur und Glorie. Als er sich 79-jährig schmollend aus dem Élysée-Palast in das lothringische Dorf Colombey-les-deux-Églises zurückzog, war er von allen Gefährten verlassen. Doch das Schicksal meinte es gnädig mit dem exzentrischen alten Herrn. An einem trüben Tag im November 1970 platzte die krankhafte Erweiterung seiner Bauchschlagader, ein Aortenaneurysma, von dem man bis dahin nichts gewusst hatte. Der General sank im Wohnzimmer zu Boden. Seine Ehefrau (die er lebenslang gesiezt hatte) hörte die erste und letzte Klage des Galliers:

»Oh, dieser Schmerz.«

Nach wenigen Sekunden verlor Charles de Gaulle das Bewusstsein und starb.

Johann Wolfgang von Goethe
(1749–1832)

wünschte sich einen »sanften Tod«, einen »gelinden Gang unmerklich in das stille Reich der Schatten«. Den »Tod der Ärzte« wollte er nicht sterben, stattdessen: »Wenn ich nun doch sterben soll, so will ich auf *meine* Weise sterben.« Das war 1823, als der Dichter seinen ersten Herzinfarkt erlitten hatte, der seinerzeit den Medizinern als Krankheit noch nicht bekannt und dessen Symptome als »zurückgeworfenes Katharralfieber« und »Stickfluss« gedeutet wurden. Beim zweiten Infarkt, im März 1832, registrierte der Hausarzt »fürchterlichste Angst und Unruhe«, die Gesichtszüge verzerrt, das Antlitz aschgrau, der Körper eiskalt, der Puls schnell und hart. In der Stunde der Not half dem Moribunden selbst Alkohol nicht mehr, sein lebenslanger Tröster, zwei Liter Wein pro Tag galten ihm als gute Dosis. »Du hast mir doch keinen Zucker in den Wein getan, weil der mir schadet«, raunzte er seinen braven Zimmerdiener Friedrich Krause am Morgen des letzten Lebenstages an. Der Helfer hatte ihn aus seinem Bett in den danebenstehenden grünen Biedermeierlehnstuhl gehoben, keine kommode Ruhestätte für das letzte Stündlein.

Im Weimarer Sterbehaus drängten sich noch einige Besucher, doch nur Krause war die ganze Zeit bei Goethe. Dessen angeblich letzten Satz,

»*Mehr Licht!*«,

eines Geistesriesen würdig und nahezu jedem Deutschen als geflügeltes Wort geläufig, hat Krause nicht gehört. Das letzte Wort wurde von zwei Goethe-Freunden brieflich in die Welt gesetzt, die in der Stunde des Todes nicht dabei waren. Die mitgeteilten Texte erwiesen sich als leicht unterschiedlich:

> *»Die Fensterladen auf, damit mehr Licht*
> *hereinkomme!«*

Oder, in der zweiten Version und noch hölzerner:

> *»Mach doch den Fensterladen in der Stube auf,*
> *damit mehr Licht hereinkomme!«*

Spötter haben später behauptet, der lebenslang dem hessischen Dialekt anhängende Goethe (er stammte aus Frankfurt am Main) habe einen letzten Stoßseufzer formulieren und sagen wollen: »Mer licht hier so schlecht.«

Ottilie von Goethe (geborene von Pockwisch), die verwitwete Schwiegertochter des Dichters, war die einzige Zeugin für ein anderes letztes Goethe-Wort. Sie habe bis zum letzten Atemzug neben dem Sterbenden ausgeharrt.

> *»Komm mein Töchterchen und gib mir*
> *dein liebes Pfötchen«*

habe sich Goethe als Allerletztes gewünscht. »Geistes-kräftig und liebevoll bis zum letzten Hauche« sei der Olympier aus dem Leben geschieden, steht am nächsten Tag in Ottilies Todesanzeige im *Weimarischen Wochenblatt.* Dieses friedvoll-familiäre Ende wirft ein mildes Licht auf Ottilie und den alten Herrn – aber wahr ist diese Anekdote trotzdem nicht. Zimmerdiener Friedrich Krause hat nach Goethes Tod in seiner ungelenken Schrift notiert, wie es wirklich war, doch blieb der Sachverhalt fast hundert Jahre verborgen, bis 1928. Er passte einfach nicht in die Mythologie vom Geistesriesen Goethe. Friedrich Krause über die allerletzten Worte und einen nahe liegenden Wunsch seines Chefs: »Er verlangte zuletzt den Botschamper*, und den nahm er noch selbst und hielt denselben so fest an sich, bis er verschied.«

* Botschamper = pot de chambre = Nachttopf.

VINCENT VAN GOGH (1853–1890)
Gebeutelt von nicht beeinflussbaren Depressionen und anhaltender Erfolglosigkeit, schoss er sich an einem schönen französischen Sonntag mit einer Pistole in die Brust. Der große holländische Maler – seine Bilder kosten mittlerweile bis zu 100 Millionen Euro pro Stück – lebte in bitterer Armut. Er verkaufte zu Leb-

zeiten weniger als zehn Bilder, alle zu Schleuderpreisen. Kurz vor seinem Tod hatte sich der Kranke, einem autoaggressiven Impuls folgend, den unteren Teil des linken Ohres abgeschnitten. Freiwillig asylierte er sich in einer Irrenanstalt. Es war alles vergeblich, seiner Depression, einer Krankheit zum Tode, konnte niemand Flügel machen. Sterbend bat er seinen stets fürsorglichen Bruder Theo:

> *»Bitte weine nicht. Es ist besser so für uns alle.*
> *Die Traurigkeit bleibt immer. Ich gehe jetzt*
> *nach Hause.«*

~

Nikolai Gogol (1809–1852)

Gogol war laut dem französischen Schriftsteller Henri Troyart »ein kleiner Mann mit einer spitzen Nase, einem Vogelblick und einem sarkastischen Lächeln«, doch zugleich vielleicht »das ungewöhnlichste Original, das die Welt je gekannt hat«. Auch Tschechow hielt ihn für den »großartigsten russischen Schriftsteller«. Gogol litt an seinem Land, fristete sein Leben zeitweilig als Lehrer an einer Mädchenschule und blieb auch unglücklich, als sich mit dem *Revisor* und der zu Unrecht in Vergessenheit geratenen Novelle *Die Kalesche* 1836 für den seinerzeit 27-Jährigen die ersten großen Erfolge einstellten. Mit 32 Jahren vollendete Gogol die *Toten Seelen*, ein unvergängliches rund 500 Seiten starkes Epos über Land und Leute. Unglücklicherweise brach zur gleichen Zeit bei dem überragenden Epiker eine Geisteskrankheit aus, eine paranoid-halluzinatorische Psychose. Diese Schizophrenie, damals noch nicht als eigenes Krankheitsbild bekannt, verlief bei Gogol relativ milde und in Schüben. Doch sie ließ ihn nie wieder los, in welchem Heilbad er auch Linderung suchte (Bad Ems, Baden-Baden, Karlsbad). Er hörte Stimmen, bald nahm der Wahn eine religiöse Färbung an. Irgendeine wirksame Therapie gab es seinerzeit nicht, Gogol reiste ruhelos und fühlte sich lebenslang »nervenkrank«. Die Krankheit ließ ihm noch zehn Jahre, in den symptomfreien Intervallen arbeitete er am zweiten Teil der *Toten Seelen*. Weinend warf sich sein junger Diener ihm zu Füßen, als der Dichter in einer kalten Februarnacht 1852 morgens um drei Uhr das Manuskript im Ofen verbrannte. »Das ist nicht deine Sache«, sagte ihm Gogol, der vor dem Autodafé viele Stunden kniend vor seiner Ikone gebetet hat. Am nächsten Morgen sah er klarer. »Hat mich der Teufel doch erwischt – ich habe die *Toten Seelen* verbrannt«, gestand er einem Freund. Er begann ein strenges religiöses Fasten, legte sich zu Bett und starb, 42 Jahre alt, zehn Tage später im Wahn.

»Die Leiter, schnell, die Leiter!«

waren seine letzten Worte. Wohin auch immer er aufsteigen wollte, im Olymp der großen Dichter ist er
ganz bei sich und endlich zu Hause.

SAMUEL HAHNEMANN (1755–1843)
Der sächsische Arzt war schon hochbetagt, als ihn
wieder einmal der »Bronchialkatarrh« heimsuchte.
Sechs Wochen musste der alte Herr im Frühjahr 1843
in Paris das Bett hüten. Nichts half. Seine junge Frau
Melanie ließ den Erfinder der Homöopathie an allerlei Hochpotenzen riechen, Fläschchen, in denen sich
winzigste Spuren von Schwefel, Arsen oder zerstoße-
nen Honigbienen mit ganz vielen heilsamen Nullen
mischten. »Die wahre, richtige und beste Heilung«,
so hatte Dr. Hahnemann bereits 1790 erkannt und damit ein virtuelles homöopathisches Weltreich errichtet,
sei in dem Satz zu suchen: »Ähnliches soll mit Ähn-
lichem geheilt werden.« Auf Lateinisch: »Similia simi-
libus curentur.« Beispielsweise die Malaria durch aller-
kleinste Mengen von Chinin und der Bronchialkatarrh
durch den zarten Anhauch des Schwefels. Auf das Ver-
dünnen (»Potenzieren«) der Heilsubstanz legte der
Medikus großen Wert. Als er 1835 mit 80 Jahren seine
Praxis von Köthen/Sachsen-Anhalt in das mondäne
Paris verlegte – der 33-jährigen Pariserin Melanie we-

gen –, ließ er seine gut betuchten Privatpatienten nur noch an den homöopathischen Fläschchen riechen. Das half angeblich fabelhaft – ist seinen Jüngern in aller Welt heute aber peinlich und wird nicht mehr nachgeahmt.

Aus der Sicht der an den Universitäten gelehrten »Schulmedizin« ist Homöopathie ohnehin eine magische Heilweise, bei der nur der feste Glaube hilft (»Suggestivtherapie«), bestenfalls eine »medikamentöse« Psychotherapie, die auf Selbstheilung vertraut. Derart hochverdünnte Substanzen – darunter Sauerampfer und Baldrian – sind pharmakologisch wirkungslos. In etlichen Ländern der Erde ist die Homöopathie deshalb verboten; in Hahnemanns Heimat Sachsen nur zu den Zeiten der Deutschen Demokratischen Republik (1949–1990). Andernorts, etwa in England, hält sich die Königsfamilie einen Hof-Homöopathen.

Samuel Hahnemann hat den Siegeszug seiner Heilweise zu Lebzeiten noch genossen, auch deshalb, weil er 88 Jahre alt wurde, was wiederum für die Homöopathie spricht. Als es ans Sterben ging, ertrug der Begründer der neuen Lehre alle Schmerzen in stoischer Ruhe. Seine aufgelöste Frau Melanie dagegen fragte sich und den Sterbenden, warum Gott einen großen Arzt, der so vielen Menschen geholfen habe, derart leiden lasse.

Samuel Hahnemann im letzten Wort:

»Gott schuldet mir nichts.
Ich schulde ihm alles.«

Auf seinem Pariser Grabstein steht: »Non inutilis vixi« – Ich habe nicht umsonst gelebt.

KASPAR HAUSER (1812–1833)

Er hat einen schönen Grabstein in Ansbach/Mittelfranken, einen Grabstein mit güldener lateinischer Inschrift: »Hier ruht Kaspar Hauser, das Rätsel seiner Zeit, unbekannt seine Herkunft, dunkel sein Tod.« Das ist alles wahr. Obwohl über das Findelkind seit seinem überraschenden Auftauchen 1828 in Nürnberg mehr als 2000 Bücher geschrieben worden sind und die Ansbacher, auf deren St.-Johannis-Friedhof er begraben liegt, sich nach fast zwei Jahrhunderten immer noch redlich mühen, das Rätsel Kaspar Hauser zu lösen. War der merkwürdige Sonderling ein badischer Prinz? Ein Hochstapler? Ein zahmer Wilder? Ein einfältiger Tor? Als er schwankend die Bühne betrat, in der Hand einen Brief, konnte er kaum sprechen, aber ordentlich seinen Namen schreiben. Hatten also böse Menschen das Kind lebenslang isoliert gehalten? In einem Kellerverlies, irgendwo? Oder war die ganze Kaspar Hauser-Kriminalgeschichte nur eine Mystifikation, erweckt vom romantischen Zeitgeist, genährt durch politische Intrigen rivalisierender Herrscherhäuser und Adelsgeschlechter?

Aus Kaspar Hauser, einem struppigen Jüngling, der bald von hochmögenden Herren, darunter einem englischen Lord, gesponsert wurde, war zu Lebzeiten nichts herauszubekommen. »Pauvre Gaspard« nannten die Franzosen den deutschen Waldmenschen, und selbstverständlich interessierte sich der französische Kaiser ebenso wie die preußischen und bayerischen Könige für das Findelkind. Kaspar wurde in Pflege gegeben, König Ludwig I. stellte ihm sicherheitshalber zwei bayerische Gendarmen als Leibwächter, und das Appellationsgericht Ansbach beschäftigte ihn als – gelehrigen – Schreiber. Wie alle Welt – außer den badischen Herzögen in Karlsruhe – hielt sich Kaspar für den rechtmäßigen Erben des badischen Throns, zur Seite geräumt von einer bösen Stiefmutter, ins niedere Volk geworfen und durch hochherzige Nachbarn, die Bayern, gerettet.

An einem dunklen Wintertag nahm die Tragödie ihr blutiges Ende. Kaspar Hauser stürzte am späten Nachmittag aus dem einsamen Ansbacher Hofgarten. Er stammelte:

»Mann ... Messer ... gestochen ... Beutel!«

und blutete aus einer Wunde unterhalb des Herzens. Sein Hauswirt, der Lehrer Mayer, hielt das Ganze für einen dummen »Streich« seines Zöglings. Es fand sich auch kein Täter, kein Zeuge, nur im Park ein zweischneidiger Dolch. Drei Tage später verschied Kaspar Hauser. Sein letztes Wort:

»Nach München! Nach München!«

Dort lebten der bayerische König und Hausers andere adlige Gönner. Sie trauten den Badenser Standesgenossen ohne Weiteres einen Meuchelmord zu. Ausgerechnet in München sind die Verdächtigen nun nach zwei Jahrhunderten rehabilitiert worden. Das Rechtsmedizinische Institut der Ludwig-Maximilians-Universität hat 1996 im Auftrag des *Spiegel* und der Stadt Ansbach molekulargenetische Analysen vorgenommen. Diese »genetischen Fingerabdrücke« aus aufbewahrten alten Blutresten Kaspar Hausers und neuen Blutproben der badischen Herzogsfamilie beweisen zweifelsfrei: Kaspar Hauser war überhaupt nicht mit der Adelsfamilie verwandt, er war kein badischer Prinz. Deshalb bleibt die Grabinschrift des geheimnisvollen Findelkinds auch fürderhin wahr: »Unbekannt seine Herkunft, dunkel sein Tod.«

Georg Wilhelm Friedrich Hegel
(1770–1831)

Der idealistische Philosoph aus Schwaben hatte sein ganzes Leben lang über Moral, Eigentum und den Staat nachgedacht. Herausgekommen war dabei ein äußerst kompliziertes Lehrgebäude. In ihm haben der subjektive, der objektive und der absolute Geist Platz. Alles wird von der Dialektik regiert, und der Staat, dem der Professor Hegel als Beamter diente, sorgt als »Realisat der Freiheit« für die menschlichen Lebensvollzüge. Soweit jedenfalls die Theorie in Kürze. In Hegels Werken – er schrieb nimmermüde seit seinem 18. Lebensjahr – liest sich alles viel komplizierter und mehrdeutiger. Deshalb hatte der Denker aus Stuttgart und Tübingen zwar schon zu Lebzeiten regen Zulauf, auch von Wissbegierigen aus den höheren Ständen. Auf dem Krankenlager kam Hegel jedoch eine letzte, resignative Erkenntnis: »Nur ein Mensch hat mich je verstanden.« Pause, neuerliches Nachdenken. »Und auch der verstand mich nicht.«

Des Rätsels Lösung, wer dieser verständig-unverständige Zeitgenosse wohl gewesen sei, nahm der »Professor der Professoren« mit ins Grab. Nur dank allerhöchster Protektion wurde er nicht mit dem Cholera-Leichenwagen bei Nacht auf den frisch abgesteckten Seuchenfriedhof östlich der Stadt Berlin gebracht, sondern fand auf dem Dorotheenstädtischen Friedhof die letzte Ruhestätte, neben seinem Kollegen Johann Gottlieb Fichte, der vor ihm auf dem Berliner Lehrstuhl immerzu über die »Urtat« und das schöpferische »Ich« gegrübelt hatte. Die anderen 1423 Berliner Opfer der »morgenländischen Brechruhr«, wie man die Cholera damals nannte, isolierte der Staat nach Kräften. Militärkordons schlossen zwar die preußischen Grenzen, doch starben der Generalfeldmarschall Neithard von Gneisenau und wenig später sein Generalstabschef Karl von Clausewitz 1831 trotzdem den »blauen Tod«. So hieß die Seuche wegen der finalen Zyanose. Diese Blaufärbung von Haut und Schleimhäuten fehlte bei Hegel. Er war sehr blass. Gleichwohl diagnostizierten die beiden behandelnden Ärzte »Cholera sicca«, die »concentrierte und darum in den Symptomen nach Außen hin weniger schreckliche Form«. Das war eine Fehldiagnose. In Wahrheit starb Hegel höchstwahrscheinlich am Durchbruch eines Magen- oder Darmgeschwürs in die freie Bauchhöhle und die sich daran anschließende Bauchfellentzündung. An Magen und Darm hatte der Philosoph seit Jahren laboriert, zuletzt drei Monate auf dem Krankenlager. Die Komplikation nahm ihn innerhalb von zwei Tagen unter großen Schmerzen aus dem Leben. Am Morgen nach seiner letzten Nacht, als das Martyrium von ihm wich, flüsterte er seiner 21 Jahre jüngeren Ehefrau zu:

*»Wollte Gott, ich hätte heute Nacht
nur eine so ruhige Stunde gehabt.«*

Im 19. Jahrhundert war die ärztliche Kunst gegen den Seuchenzug der Infektionskrankheit Cholera übrigens ebenso hilflos wie gegen Magen-Darm-Geschwüre. Für beides gab es keine kausale Therapie. Man wusste noch nichts von Bakterien und Bazillen und man konnte, weil die Narkose noch nicht erfunden war, auch noch nicht in der Leibeshöhle operieren.

HEINRICH HEINE (1797–1856)

»Ich sehe aus wie ein dürrer, einäugiger Hannibal«, schrieb der deutsche Dichter zehn Jahre vor seinem Tod, »entsetzlich abgemagert, Beine und Füße schon paralysiert, die Kinnladen gelähmt.« Doch über dem »makulaturigen Leib« saß der Kopf, »klar, geistesklar, sogar heiter«. Bis ganz zum Schluss hielt Dr. iuris Harry Heinrich Heine aus Düsseldorf sich an seinen früh gefassten Vorsatz: »Ich gebe das Schwert nicht aus den Händen, bis ich hinsinke.« Das zog sich. Heines Krankheit zum Tode war die Syphilis in ihrer heimtückischsten Variante, der Rückenmarksschwindsucht. Mit der seinerzeit sehr verbreiteten Geschlechtskrankheit hatte sich der berühmte Dichter (*Die Loreley*; *Deutschland, ein Wintermärchen*; *Harzreise*) wahrscheinlich schon als junger Student in Bonn, Göttingen oder Berlin angesteckt. Der medizinische Zusammenhang zwischen venerischer Infektion und dem vielgestaltigen Nervenleiden seiner späteren Jahrzehnte war damals noch unbekannt.

Die Krankheit machte den nach Paris exilierten Schriftsteller zu einem »armen Lazarus«. Schmerzen und Krämpfe quälten ihn, die letzten acht Jahre lag er in seiner »Matratzengruft« auf fünf übereinandergestapelten Matratzen. Das war ein »Grab ohne Ruhe«. An die frische Luft kam er nur noch, wenn ihn ein kräftiger Diener huckepack nahm. Wegen der Lähmung der Augenlider, die er nur von Hand noch heben konnte, lag er meist im Dunkeln. »O Gott, verkürze meine Qual, damit man mich bald begrabe; du weißt ja, dass ich kein Talent zum Martyrtume habe.« Opium – es wurde in eine stets offen gehaltene Wunde gestreut – linderte sein Leid nur vorübergehend. Umso mehr freute er sich über jeden seiner Besucher, die er ermahnte, recht bald wiederzukommen. »Sie könnten es sonst bereuen.« Seine französische Ehefrau, die ihn 15 Jahre pflegte und treu umsorgt hatte, empfahl er dem Schutz höherer Mächte: »An die Engel: Beschützt, beschirmt mein armes Kind Mathilde.« Seine letzte (notgedrungen platonische) Liebe nannte er »Mouche« (Fliege). Eigentlich hieß sie Elise von Krinitz und war eine etwas exzentrische Poetin. Heine bewahrte sich seine ironische Grundstimmung, bis ihm die letzte Stunde schlug:

»*Gott wird mir verzeihen – das ist sein Metier.*«

Heinrich VIII. (1491–1547)

Mal abgesehen davon, dass diese Majestät Englands Katholiken dauerhaft zu Anglikanern machte und dem Parlament ebenso dauerhaft Struktur und Einfluss verlieh, war er ein Raufbold mit grausamen Schweinsäuglein, dem man besser aus dem Weg ging. Vor allem als schöne Frau von Stand. Heinrich heiratete sechs Mal, und nur die letzte Gattin überlebte ihn. Er hatte ein Faible für Witwen. Als 18-Jähriger ehelichte er Katharina von Aragonien, die Hinterbliebene seines verstorbenen Bruders. Nach ein paar Jahren fiel ihm auf, dass solche Ehen von Gott und der Kirche missbilligt werden, also galt sie als ungültig. Anna Boleyn, seine zweite Frau, soll wunderschön gewesen sein, womöglich aber untreu. Ihr Kopf fiel unter dem Schwert. Zehn Tage später war der König wieder Ehemann, doch das Hoffräulein Jane Seymour starb im Wochenbett, kaum dass sie dem Thronfolger Edward das Leben geschenkt hatte. Die nächste Ehe mit Anna von Kleve wurde annulliert, die fünfte mit Katharina Howard vom Scharfrichter beendet, wiederum wegen Untreue. Nur die sechste Ehefrau, Katharina Parr, überlebte. Sie wurde Heinrichs Witwe.

Am Sterbebett habe sie nichts zu suchen, fand der Monarch. Männliche Gesellschaft war ihm in den letzten Monaten entschieden lieber. Heinrich war so feist geworden, dass man ihn mit einem Flaschenzug ins Bett hieven musste. Obwohl der König aus dem Hause Tudor als junger Mann ein sportlicher Reiter, Tänzer und Haudegen gewesen war, hatten 37 strikt autoritäre Regierungsjahre (60 000 Hinrichtungen), Dutzende Kriegszüge und Festgelage ohne Zahl seine Gesundheit ruiniert. Er litt an Herzschwäche, Wassersucht und Atemnot. Kraft Gesetzes war es jedem Untertan verboten, über den möglichen Tod des Regenten auch nur ein Wort zu verlieren. Der dicke Heinrich wusste um seine Lage und verfügte vier Wochen vor seinem Tod das Testament: Erstens, er bereue seine Sünden; zweitens, er vertraue Gott seine Seele an; drittens, Prinz Edward solle sein Nachfolger werden.

Am letzten Lebenstag ermannte sich Master Denny, des Königs Krankenpfleger, und fragte den Sterbenden, ob er einen gelehrten Mann kommen lassen solle, mit dem er sich unterhalten und dem er sein Herz öffnen könne. Der König antwortete:

»Ich werde zuerst ein wenig schlafen.«

Ganz friedlich schloss er die Augen und wachte nicht mehr auf.

WERNER HEISENBERG (1901–1976)
Als er 31 Jahre alt war, bekam der Münchner den Nobelpreis für Physik. Verdientermaßen, denn der

Wissenschaftler hatte bereits als 24-Jähriger die »Quantenmathematik« erdacht, eine ganz neue Theorie, die das Atom und seinen Kern aus der herkömmlichen mechanistischen Betrachtung löste. Heisenbergs Elementarteilchen-Physik belegt, dass es im Atom keinen Ort und keinen Impuls des Elektrons als reale Größe gibt (»Unschärferelation«). Später, 1958, komprimierte der Physiker seine Gedanken über die Atome und was sie im Innersten zusammenhält, zu einer »Weltformel«, über deren mathematische Konsequenzen Heisenbergs Kollegen immer noch grübeln. Die privaten Intentionen des deutschen Professors – er war Wanderer, Musiker und vor allem Münchner – sind auch nicht leicht zu verstehen. Zutreffend prognostizierte er bereits 1939 den Ausgang des Krieges: »Hitler wird verlieren. Er hat ein Schachendspiel mit einem Turm weniger als der Gegner.« Das hinderte ihn nicht, am NS-»Uran-Projekt« als inoffizieller wissenschaftlicher Leiter mitzuarbeiten; aus einer deutschen Atombombe wurde trotzdem nichts, oder gerade deswegen? Dieses Rätsel haben Heisenberg und seine Kollegen mit ins Grab genommen. Das Sterben fiel ihm, nach einem erfüllten Leben, nicht schwer:

»Das ist leicht, das habe ich vorher nicht gewusst.«

~

Jimi Hendrix (1942–1970)

Die sechziger Jahre des 20. Jahrhunderts wurden von der Kulturrevolution des Rock 'n' Roll überstrahlt. Einer ihrer hellsten Stars war der Gitarrist Jimi Hendrix aus Seattle/USA. Er revolutionierte Gesang und Instrumentalsoli, die Bühnenshows und das Vagantenleben der jungen Künstler. Der exzentrische Musiker hatte sein Lebenslicht nicht bloß an beiden Enden angezündet, er setzte die Kerze 1962 gleich total in Brand. Vorher hatte der schwarzgelockte junge Mann aus der Unterschicht die üblichen Fehltritte begangen – Schulabbruch, Autodiebstahl –, dann aber als Fallschirmspringer in der berühmten 101. Airborne Division Disziplin gesucht. Nach dem 26. Absprung entließ man den »Soldaten erster Klasse«, weil er sich dabei das rechte Fußgelenk gebrochen hatte. Nun begann sein kometengleicher Aufstieg. Jimi Hendrix tourte ruhelos durch Europa und Amerika, Gesang und Gitarrenspiel waren kreativ und voller Überraschungen (Noten konnte er nicht lesen). Der Nonkonformist faszinierte seine jungen, revolutionär gestimmten Fans auch durch seine bedingungslose Risikofreude. Daran starb er im Alter von 27 Jahren. Bei der Sektion fand man in seiner Leiche große Mengen des Schlafmittels »Vesparax«, dazu Alkohol, Nikotin, Cannabis, Kokain und Amphetamine (»Speed«). Das war zu viel. Jimi Hendrix kannte das Risiko und seine Feinde. »Möglicherweise werde ich bei meiner eigenen Beerdigung verhaftet«, scherzte er. Seine andere Voraussage traf zu:

*»Meine nächste Reise nach Seattle werde ich
in einer Holzkiste antreten.«*

HILDEGARD VON BINGEN (1098–1179)
Die letzte Vision der berühmten Nonne war eher düster. In den siebzig Jahren davor hatte sie tausendfach zum »wahren Licht« emporgeblickt und unmittelbar mit Gott, Jesus und dem Heiligen Geist kommuniziert. Sie war die berühmteste Seherin des deutschen Mittelalters, eine Mystikerin von hohen Gnaden. Im Himmel ging sie ein und aus, erblickte schon zu Lebzeiten die »Seligen mit reinstem Gewande aus lauterem Gold« angetan. Ihren Mitschwestern, den »Gefährtinnen der Engel«, erlaubte die Äbtissin des Klosters Disibodenberg bei Bingen deshalb allerlei Freiheiten. Sonntags setzten sie die Haube ab, trugen das Haar offen und schmückten sich mit weißen Seidenschleiern. Der katholischen Amtskirche passte die ganze Richtung nicht. Zumal die Nonne auch noch komponierte (80 Lieder) und lateinische Medizinbücher schrieb, im Land herumzog und predigte. Doch Hildegard war nicht nur selbstsicher, ihre »Sehergabe« war von Papst Eugen III. auch höchstinstanzlich bestätigt. Trotzdem überzogen die Mainzer Domherren – ihre unmittelbaren Vorgesetzten – die Prominente und das Kloster im 80. Lebensjahr der Heiligen mit dem »Interdikt«,

dem Kirchenbann. Die »prophetissa teutonica« sollte auf die alten Tage noch Demut, Gehorsam und Ortsfestigkeit lernen. Daraus wurde nichts. Die alte Dame aus adligem Geschlecht setzte sich auf ihr Pferd, ritt nach Mainz, schimpfte und weinte vor den Prälaten. Als das nichts half, aktivierte sie ihre seherischen Kontakte zu den himmlischen Mächten und schrieb sicherheitshalber auch an die Erzbischöfe von Mainz und Köln. Zum Papst nach Rom schickte sie einen reitenden Boten. Hildegard war eben eine emanzipierte Persönlichkeit. Die Männer knickten ein. Der Kirchenbann wurde aufgehoben, das festliche Singen und Lobpreisen war wieder erlaubt und Gott wohlgefällig.

Doch die Gesundheit der zartgliedrigen Greisin war ruiniert. Nach dem langen Ausritt wurde sie bettlägerig. Die Kräfte schwanden. Ihre letzte überlieferte Vision kreiste um ein Grab und den Friedhof:

»Würde der Leib ausgegraben, so droht unserem Ort eine große Gefahr, gleich der schwarzen Wolke, die Sturm und Gewitter anzeigt.«

Die Klosterfrauen legen, als Hildegards Seele sich »vom Körper trennen und entfliehen« will, ein Büßerhemd auf den blanken Boden. Man malt darauf ein Kreuz aus Asche und bettet die Mystikerin, so wie es Brauch war, auf das harte Lager. Am frühen Morgen des 17. September 1179 haucht Hildegard von Bingen ihr Leben aus. Im Osten erscheint im gleichen Augenblick über dem Rheinland rot schimmernd ein Kreuz, groß und strahlend hell. Tausende haben es gesehen. Das galt allen als letzter sichtbarer Beweis: Die Heilige ist im Himmel.

PAUL VON HINDENBURG (1847–1934) war seit 1914 deutscher Generalfeldmarschall und wurde 1925 (als 78-Jähriger) in freien, gleichen und geheimen Wahlen zum Reichspräsidenten gewählt. Nach anfänglichen Erfolgen scheiterte er in beiden Ämtern. Das tat Mythos und Nachruhm des preußischen Offiziers, eines festen Mannes von großer Ruhe und Gelassenheit mit dekorativem Bart, breitem Kreuz und tiefer Stimme, keinen Abbruch. So wie den alten Herren wünschten sich viele Deutsche ihren Kaiser. Wilhelm den Letzten hatte Hindenburg 1918 ins holländische Exil verfrachtet, er selbst wurde nun der »Ersatzkaiser«. Sein Präsidialregime ebnete jedoch nolens volens dem »böhmischen Gefreiten« (so nannte Hindenburg den Österreicher und späteren Staatenlosen Adolf Hitler) im Januar 1933 den Weg zur Macht. Brav unterschrieb der greise Reichspräsident das nationalsozialistische »Ermächtigungsgesetz«. Altersschwach zog er sich auf sein Schloss in Neudeck/ Westpreußen zurück. Im Sommer 1934 wurde er bettlägerig. Zum Leibarzt wählte er sich den seinerzeit berühmtesten Medizinprofessor, den Berliner Chirurgen Ferdinand Sauerbruch. Der hat der Nachwelt die Sterbeszene überliefert, einen Dialog über den Tod, genannt »Freund Hein«, und gleichzeitig ein bewegendes Zeugnis für die Charakterstärke des 86-Jährigen. »Sauerbruch, Sie haben mir stets die Wahrheit gesagt. Sie werden es auch jetzt tun. Ist Freund Hein bereits im Schloss und wartet?« – »Nein, Exzellenz, aber er geht um das Haus herum.«

Hindenburg ließ sich vom Nachttisch das Neue Testament reichen, um »Zwiesprache mit seinem Herrn da oben« zu halten. Leise flüsternd las er eine Viertelstunde, dann sagte er zu seinem Arzt:

»Und nun sagen Sie Freund Hein, er kann
ins Zimmer kommen.«

~

HENRIK IBSEN (1828–1906)
Der berühmte norwegische Dichter und Dramatiker (*Nora*, *Hedda Gabler*, *Peer Gynt*, *Die Wildente*) war, wie Theodor Fontane, zunächst Lehrling in einer Apotheke, denn Apotheker war seinerzeit keine akademische Profession. Nach sieben Jahren kündigte Ibsen. Dann hat er ein bisschen Medizin studiert (wie Bertolt Brecht), eine Satirezeitschrift redigiert (wie Thomas Mann), heimlich gedichtet (so fangen alle großen Dra-

matiker an) und schließlich beim Theater angemustert. Der ichstarke, redliche Mann – ein Norweger aus dem Bilderbuch – mochte sich aber nicht mit dem Tanderadei einer Provinzbühne arrangieren. Dichten, sagte er, das heißt: »Gerichtstag halten über sich selbst.« Sein Publikum sah das ganz anders, weshalb das Theater pleiteging. Ibsen sagte Norwegen Lebewohl. Erst zog er nach Rom, dann blieb er – zwanzig Jahre! – in Dresden und München im Exil. Als sein Weltruhm und die Honorare ihm ein Auskommen bescherten, kehrte er in sein Vaterland zurück. Bis zuletzt blieb er seinen Überzeugungen treu. Deshalb ließ er auch in der Stunde des Todes der Ehefrau und dem Pflegepersonal keine Illusionen durchgehen. Als er hörte, wie die Damen flüsterten, es gehe dem Kranken nun schon besser, meldete er sich zu Wort:

»Im Gegenteil, ganz im Gegenteil«

und starb.

CARL GUSTAV JUNG (1875–1961)
An seinem Lebensende, zum 85. Geburtstag, erhob die Gemeinde Küsnacht den Psychiater zu ihrem Ehrenbürger. Das genoss C. G. Jung. Er war, wie seine Kri-

tiker, der festen Überzeugung, es sei ihm gelungen, die Welt mit der Psychoanalyse diplomatisch auszusöhnen. Diese, von dem Wiener Nervenarzt Sigmund Freud entwickelte Methode zur Aufdeckung unbewusster Seelenregungen, fand in dem Schweizer Pastorensohn schon früh einen begabten Adepten. Jung wurde, mit dem Segen Freuds, 1911 der erste Präsident der frisch gegründeten »Internationalen Psychoanalytischen Gesellschaft«. Er blieb es nicht lange, trennte sich schon 1912 vom Übervater Freud und installierte sein eigenes Lehrgebäude, die »Analytische Psychologie«. Jungs Beitrag zur Kunst der Seelenzergliederung ist die Vorstellung eines überindividuell erlebten »kollektiven Unbewussten«. Außerdem zeigte sich der Schweizer aufgeschlossen gegenüber »okkulten Phänomenen« (darüber hat er sogar promoviert), Mythologie, religiösen Vorstellungen und esoterischem Hokuspokus. Auch deshalb prosperiert seine psychoanalytische Schule noch immer; Jungianer gibt es auf allen Kontinenten der Erde.

Sein strikt bürgerlicher Lebenszuschnitt mit braver Familie, Villa und Offiziersdienst in der Schweizer Armee kontrastierte mit etlichen verqueren Ideen des Nervenarztes. Bis zuletzt, berichtete seine englische Pflegerin, sah er in der eigenen Seele »wunderbare und herrliche Dinge« einer »fernen Welt«. Nach einem »beglückenden Traum« war der Witwer sich im Sommer 1961 ganz sicher: »Jetzt kenne ich die Wahrheit bis auf ein ganz kleines Stück, das noch fehlt. Wenn

ich auch dies kenne, werde ich gestorben sein.« Kurz
bevor es so weit war, quälte den Prominenten, der
immer wieder von kleinen Schlaganfällen getroffen
wurde, als Letztes jedoch eine andere Sorge:

»Wissen die Leute, dass ich am Sterben bin?«

FRANZ KAFKA (1883–1924)

war einer der bedeutendsten deutschsprachigen Schriftsteller des 20. Jahrhunderts. Zu Lebzeiten fast unbe-
achtet, sehr schüchtern und privat in permanenten
familiären Schwierigkeiten, beruflich als kleiner Beamter der »Arbeiter-Unfall-Versicherungs-Anstalt für
das Königreich Böhmen« weit unter seinen Fähigkeiten beschäftigt, fand der Prager nur nebenbei Zeit
für seine literarischen Arbeiten. Die Titel einiger der
wichtigsten Veröffentlichungen – *Das Urteil, Der Prozess, Ein Hungerkünstler, In der Strafkolonie* – deuten
Inhalt und die zutiefst melancholische Weltsicht des
jüdischen Intellektuellen an, denn Kafka war außerdem noch Dr. iur. 1917 erkrankte der stets kränkliche
Mann an Lungentuberkulose, ein Blutsturz ließ über
den Ernst der Situation keinen Zweifel aufkommen.
Wie bei so vielen anderen hochbegabten Zeitgenossen
begann auch für Franz Kafka eine frustrierende Odyssee durch klimatische Heilbäder, Sanatorien und Kli-

niken. Im Frühjahr 1924 begab sich der Junggeselle – als stets Zögernder mehrfach verlobt, mehrfach entlobt – in ein Sanatorium nach Kierling bei Wien. Er wurde von einer Freundin und einem ärztlichen Freund begleitet. Weil nun auch sein Kehlkopf von der Tuberkulose erfasst wurde, konnte Kafka nur noch flüstern. Noch im Fieberwahn sorgte sich der Sterbende, er könne seine Freunde anstecken, und bat, sie sollten sich nicht über ihn beugen. »Ja, so ist es gut«, sagte er zu seinem Freund Robert Klopstock, als der den letzten Rat befolgte. Die Schmerzen wurden immer unerträglicher. Er bat Klopstock um eine Morphiumspritze, um »Pantopon«. »Sie haben es mir immer versprochen. Töten Sie mich, sonst sind Sie ein Mörder.« Der Freund trat zurück und reinigte die Spritze. »Gehen Sie nicht fort«, bat Kafka. »Ich gehe ja nicht fort«, antwortete Klopstock.

»Aber ich gehe«,

flüsterte Franz Kafka und schloss die Augen. Sein Herz stand still.

IMMANUEL KANT (1724–1804)

Der Philosoph aus Königsberg machte sich erst an die *Kritik der reinen Vernunft*, dann an die *Kritik der praktischen Vernunft*, schließlich an die *Kritik der Urteilskraft*. Die Texte sind so schwierig, nur vom Gelehrten für Gelehrte formuliert, dass sich allen anderen Menschen bestenfalls der »kategorische Imperativ« aus dem Buch über die »praktische Vernunft« einprägt: »Handle so, dass die Maxime deines Willens jederzeit zugleich als Prinzip einer allgemeinen Gesetzgebung gelten könnte.« Goethe in Weimar, der Kant fast drei Jahrzehnte überlebte, nannte den Ostpreußen den »vorzüglichsten aller neuen Philosophen, ohne allen Zweifel«. Dieses Urteil wird zwei Jahrhunderte später weltweit immer noch von vielen Denkern geteilt. Das raunende Mittelalter hat der Aufklärer Kant jedenfalls hinter sich gelassen und die Unsterblichkeit der Seele ebenso ad acta gelegt wie die Gottesbeweise mittels Logik.

Die großen Gedanken des Preußen stehen in apartem Gegensatz zu seiner eher kümmerlichen irdischen Existenz. Der arme Sattlersohn hatte Königsberg höchst selten und Ostpreußen sein ganzes Leben lang nie verlassen. Ortsfest war er und ledig blieb er, auch deshalb, weil er von schwacher Gesundheit war und an einer sichtbaren Verkrümmung der Wirbelsäule, einer »Skoliose«, litt. Berühmt wurde der skurrile Einzelgänger erst als älterer Mann, vorher musste er sich als Hauslehrer, Unterbibliothekar und unbezahlter

Privatdozent für Philosophie durchbringen. In den letzten Lebensjahren wurde Kant gebrechlich, er büßte seine geistige Spannkraft ein und hatte am Ende infolge einer fortschreitenden Altersdemenz schwere Wortfindungsstörungen. Sein sittliches Verhalten blieb tadelsfrei. »Viele Posten, beschwerliche Posten, bald wieder viele Güte, bald wieder Dankbarkeit«, sagte er seinem Hausarzt als letztes Lebewohl und meinte, dass er sich für dessen honorarpflichtigen Aufwand, die »Posten«, und für seine Zuwendung bedanke.

»Es ist gut«,

flüsterte Kant in der letzten Nacht seinem Helfer und Schüler, dem Diakonus Wasianski, zu. Der hatte ihm verdünnten Wein und etwas Zucker gereicht. Auf seinem Grabmal ließ Kant aus der *Kritik der praktischen Vernunft* die »zwei Dinge« verewigen, die sein Gemüt »mit Bewunderung beschäftigt« hatten: »Der bestirnte Himmel über mir und das moralische Gesetz in mir.«

Karl der Grosse (747–814)

Dieser Herrscher hat es weit gebracht. Er wurde der erste Kaiser des Heiligen Römischen Reiches, wird (wohl zu Recht) der »Vater Europas« genannt, regierte 46 Jahre lang und starb erst im 67. Lebensjahr. Sein imperiales fränkisches Königreich stand an der Spitze des Christentums. Karl betrachtete sich als den legitimen Nachfolger des römischen Kaisers Konstantin der Große, welcher 500 Jahre vor ihm regiert hatte. Die überragenden Erfolge des Deutschen wurden möglich durch diplomatisches und insbesondere kriegerisches Geschick. Der Heerführer, ein Mannsbild voller Kraft und robuster Gesundheit, funktionalisierte die christlichen Eliten (Päpste, Bischöfe, Mönche) und schuf mit ihrer Hilfe leistungsfähige Herrschaftsstrukturen. Vor allem aber führte Kaiser Karl Krieg, jeden Sommer. Er zog gegen die heidnischen Sachsen und die Slawen ins Feld, wies die Langobarden erfolgreich in die Schranken und legte sich erfolglos mit den muslimischen Arabern an. Am Ende erstreckte sich sein Reich über Deutschland, Frankreich und Italien, nebst vielen kleinen Territorien rundum. Das Leben im Umherziehen hielt er auch als Greis gut durch; nur im Winter rastete er in seiner Kaiserpfalz Aachen. Im eiskalten Januar 814 erkältete er sich nach einem Bad. Er bekam erst Fieber, dann eine Rippenfellentzündung. Als Realist, der er sein Leben lang gewesen war, wusste Kaiser Karl, dass es nun mit ihm zu Ende ging. Deshalb warf er seine Leibärzte aus dem Sterbezimmer. Die konnte er ohnehin nicht leiden, weil sie ihm schon seit Längerem das gebratene Fleisch verboten hatten. Karls letztes Wort zu den Doktoren:

»Lasst mich, ich sterbe besser ohne eure Heilmittel!«

KARL V. (1500–1558)

Vor dem Frühstück trank er gern ein eisgekühltes Bier. In den letzten Lebensjahren machte das dem König (von Spanien) und Kaiser (des Heiligen Römischen Reiches Deutscher Nation) viel Mühe, denn seine Hände waren durch dicke Gichtknoten schon sehr deformiert, so dass er das Glas nicht mehr selbst halten konnte. Auch das Frühstück zog sich hin. Gewöhnlich aß Kaiser Karl frisch eingepökelte Austern, Sardellen, in Eis transportierte Seefische, Aalpasteten, Aal in Sülze, Rebhühner, Oliven, scharf gewürzte spanische Würste. In dieser Reihenfolge, und danach gab's wieder Bier. Diese Diät hatte ihm sein flämischer Leibarzt Dr. Mathys als Therapie gegen die Gicht empfohlen. Mathys wusste es nicht besser. Gicht galt als »Krankheit der Könige«, von Gott gesandt und rätselhaft. Heute weiß man, dass Bier und die üppige Königskost die schmerzvolle und chronische Krankheit auslösten und verstärkten. Den Habsburger – er galt als der bedeutendste Herrscher aus seinem tausendjährigen Geschlecht – plagte das Leiden seit seinem 30. Lebensjahr. Am Ende war er mit kirsch- bis pflaumengroßen Gichtknoten an allen Gelenken gestraft, die aufplatzten und weiße Harnsäurekristalle entleerten. Der Kaiser bot einen grauenvollen Anblick.

Das Martyrium suchte der fromme Mann durch Gebete zu lindern. Gottesfürchtig war er immer gewesen. In der Kindheit hatte ihn der spätere Papst Hadrian VI. erzogen. Als 21-Jähriger erklärte Karl V.

den aufmüpfigen Augustinermönch Martin Luther zum Ketzer und verhängte über ihn die Reichsacht. So wurde Luther vogelfrei. Auf die alten Tage zog Karl in einen – allerdings sehr komfortablen – Palast, Wand an Wand mit einem spanischen Hieronymitenkloster. Durch ein Eisengitter verfolgte der resignierte Kaiser vom Bett aus die Messe und den Chorgesang. Ein elfjähriger (unehelicher) Sohn – blond, blauäugig, gut gelaunt, später als Don Juan d'Austria berühmt geworden – leistete ihm Gesellschaft. Doch die Krankheit Gicht, heutzutage gut behandelbar und nicht mehr tödlich, zerstörte den mächtigsten Mann seiner Zeit. Er befahl, ihm die Mönchskutte überzustreifen.

> *»Das ist die Stunde. Ich komme, Herr.*
> *Hier bin ich.«*

HANS HERMANN VON KATTE (1704–1730)
Der Jugendfreund des späteren preußischen Königs Friedrich II. wurde auf Befehl des »Soldatenkönigs« im Hof der Festung Küstrin enthauptet. Der Leutnant der Gardegendarmen hatte an den Plänen des 18-jährigen Thronerben, sich dem drakonischen Regiment seines gemütsarmen Vaters Friedrich Wilhelm I. durch Flucht zu entziehen, durch die Beförderung seiner

Briefe mitgewirkt. Der Kronprinz wurde gezwungen, durch sein vergittertes Fenster der Hinrichtung zuzusehen, »die Grenadiere hielten meinen Kopf am Fenster fest«. Laut und auf Französisch, denn das war lebenslang die Umgangssprache der preußischen Herrscher, rief er seinem Freund zu: »Pardonnez moi, mon cher Katte!« – Verzeiht mir, mein lieber Katte. Der antwortete:

»La mort est douce pour un si aimable Prince!« –
Süß ist der Tod für einen so liebenswürdigen Prinzen.

Friedrich wurde ohnmächtig, Katte geköpft. 1740, im ersten Jahr seiner Regentschaft, erhob Friedrich II. den Vater seines toten Freundes in den Grafenstand.

~

JOHN F. KENNEDY (1917–1963)
Der Tag, an dem der amerikanische Präsident erschossen wurde, war sonnig und warm. In Dallas wehte ein milder Wind. In seiner offenen Limousine, einem Lincoln Continental, saß John Fitzgerald Kennedy hinten rechts. Scheinbar heiter und gut gelaunt winkte er den Texanern zu, denn die durften auch wählen. Heute, hatte er seiner schönen Ehefrau Jacqueline am Morgen des 22. November 1963 erklärt, fliegen wir in »das Land der Spinner und Fanatiker«. Aus Dallas, einer

Metropole voller Rassisten, Kreuzzügler, Anti-Katholiken und erklärten Kennedy-Feinde, waren reichlich Morddrohungen gegen den charismatischen Mann aus Boston beim US-Geheimdienst CIA eingegangen. Nur Lee Harvey Oswald hatte sich bedeckt gehalten. Im Versandhandel hatte dieser aggressive Sonderling, ein 24-jähriger Psychopath mit Allmachtsphantasien und schizoid (wie schon der Psychiater seines Erziehungsheimes festgestellt hatte), sich ein Gewehr mit Zielfernrohr und eine Pistole bestellt. Zum »Scharfschützen« hatten ihn die Marines ausgebildet. Sein Platz war geschickt gewählt. Lee Harvey Oswald zielte völlig unbelästigt aus einem offenen Fenster im fünften Stock eines Lagerhauses. Seine Sicht war exzellent, die Entfernung für einen guten Schützen akzeptabel.

»Mister Präsident«, freute sich Nellie Connally, die Ehefrau des texanischen Gouverneurs John Connally, die links vor ihm im offenen Wagen saß, »Sie können jedenfalls nicht sagen, dass Dallas Sie nicht liebt.« Rechts und links der Elm Street winkten Texaner dem 35. Präsidenten der Vereinigten Staaten und seiner langsam dahingleitenden Autokolonne freundlich zu. Anti-Kennedy-Demonstranten gab es nicht.

»Nein, das kann ich sicher nicht.«

Es waren Kennedys letzte Worte. In der nächsten Sekunde drückte Oswald ab. Die erste Kugel traf Kennedy in den Hals. Sie zerriss Blutgefäße, Atemwege und den Kehlkopf. Der zweite Schuss unmittelbar darauf traf den Hinterkopf. Der knöcherne Schädel explodierte förmlich. Knochensplitter und Gehirnmasse flogen umher, bis zu den Begleitfahrzeugen der CIA. Sterbend sank John F. Kennedy, 46 Jahre alt, seiner Frau in die Arme. Viereinhalb Minuten später erreichte man die Notaufnahme des Krankenhauses. Jacqueline Kennedy hielt ein Fragment der zerschossenen Schädelknochen fest in ihrer Hand. Sie gab es der Ärztin Dr. Marion Jenkins: »Hier, kann das helfen?«

SÖREN AABYE KIERKEGAARD (1813–1855)
Dieser dänische Geistliche, Philosoph und Prosaist hatte in jungen Jahren das *Tagebuch eines Verführers* publiziert. Das schmale erotische Werk kam beim Publikum sehr gut an. Im Verlauf der nächsten zwei Jahrzehnte schrieb der hagere Asket noch 68 erotikfreie Bücher; alle lagen wie Blei. Das Studium der protestantischen Theologie und der Philosophie hatte Kierkegaard an seiner Heimatuniversität Kopenhagen absolviert und nach 22 Semestern mit der Dissertation *Der Begriff der Ironie, mit ständiger Rücksicht auf Sokrates* beendet. Wer mag die gelesen haben? Sie ist in lateinischer Sprache verfasst, und selbst der Gut-

mütigste tut sich schwer mit der Ironie des dänischen und griechischen Denkens.

Nachdem der Philosoph Kierkegaard eine Verlobung gelöst und sich auch von seinem Pfarramt verabschiedet hatte, lebte er ab seinem 30. Lebensjahr als Privatgelehrter vom ererbten Vermögen. Er grübelte über Gott und die Welt, Schuld und Sühne, Existenz und Angst. Schließlich erkannte er: »Das wirkliche Christentum ist Versagung der Welt.« Das machte ihn vollends zum Griesgram. Da sein Vater bei der Geburt des kleinen Sören schon 57 Jahre und die Mutter erstaunliche 45 Jahre alt war – er sich also für ein unerwünschtes Kind hielt –, da außerdem der Vater lautstark Gott verflucht hatte, kreiste sein Œuvre gern um die Versündigung. Schließlich traf ihn, geplagt von dunklen Ahnungen (*Die Krankheit zum Tode*), ein Schlaganfall, mitten auf der Straße. Im Krankenhaus verweigerte Dr. Kierkegaard das Abendmahl. Er starb unversöhnt. In der Sterbestunde verdichtete sich seine düstere Philosophie zum Versündigungswahn:

>*Durch ein Verbrechen bin ich entstanden.*
>*Ich bin entstanden gegen Gottes Willen.*
>*Fegt mich weg!«*

Kleopatra (69–30 v. Chr.)

Die schöne Ägypterin ging nicht ganz freiwillig in den Tod. Die »Königin der Könige«, erst Geliebte des römischen Cäsar und später Ehefrau des römischen Antonius, dem sie drei Kinder gebar, wollte ihr uraltes Reich für diese Kinder retten, indem sie sich opferte. Im Mausoleum der Familie überreichte man der Monarchin einen Korb mit Feigen, in dem befehlsgemäß eine Giftschlange versteckt war. Kleopatra wollte ohne eigenes Zutun sterben, gleichsam unerwartet, schicksalhaft. Doch die Schlange ließ sich blicken und zischelte. Kleopatras letzte Worte:

»So bist du also da.«

Sebastian Kneipp (1821–1897)

»Was das Wasser nicht heilt, das ist nicht heilbar.« Logischerweise folgt daraus die zweite Erkenntnis: »Wer das Gießen versteht, ist ein Künstler in der Heilkunde.« Wegen dieser beiden griffigen Handreichungen wurde Sebastian Kneipp, der katholische Ortspfarrer im Allgäudorf Wörishofen, von den Ärzten als »Kurpfuscher« vor Gericht gezogen. Der »Wasserdoktor« aus dem Alpenland hatte aber das Leben und die Laien auf seiner Seite. Deshalb siegte er am Ende, und sein Name steht mehr als hundert Jahre nach seinem Ableben weltweit noch immer für kaltes Wasser gegen den Tod und für ein »Zurück zur Natur«.

Der spätberufene Gottesmann – ursprünglich war der Oberbayer Viehknecht – konnte immerhin ein beweiskräftiges Argument vorbringen: Er hatte die Kaltwasserkur am eigenen Körper erfunden und erfolgreich erprobt. Denn Kneipp, der Priesterschüler, hustete sich die Seele aus dem Leib, erbrach Blut, mit »stiller Ergebung« sah sein »welker Geist« dem Ende entgegen. Dann badete er, im kalten Winter 1849, im eisigen Wasser der Donau, und siehe da: Seine Lungentuberkulose heilte aus. Dieses Erfolgserlebnis wurde das Fundament seiner Naturheilkunde. Stimmungsvolle Bücher – *Meine Wasser-Kur* und *So sollt ihr leben* – trugen die Botschaft in alle Welt. Kneipp ergänzte die Wassertherapie durch Kräuter (etwa den hilfreichen Heublumensack), Diätratschläge (Mehlspeisen für gutes Blut), Erziehungsregeln (muntere Kinder sollen hüpfen) und Gesundheitswäsche (Leinen!).

Der inzwischen zum Päpstlichen Geheimkämmerer avancierte Landpfarrer therapierte sein eigenes letztes Leiden streng arzneilos, nur mit kalten Güssen. Die hielten den Darmkrebs, der sich schon durch die Bauchdecke vorwölbte, nicht auf. Indes muss bedacht werden, dass 1897 keine Operation dem Todkranken hätte helfen können; Röntgenstrahlen waren noch nicht einsetzbar und Chemotherapeutika noch nicht erfunden. So gesehen nahm das Tumorleiden seinen schicksalhaften Verlauf. Dominikanerinnen pflegten den Sterbenden. »Ich fühle, der Stab ist gebrochen«, sagte er zu seinem letzten Besucher. Schmerzlinderndes Morphium lehnte Sebastian Kneipp konsequent ab.

> *»Wenn die Nächte noch weiter so sind,*
> *dann ist mir die letzte die liebste.«*

Frühmorgens um vier war der Todeskampf zu Ende. Ein Arzt (und Kneipp-Jünger) drückte dem Naturheilkundigen die Augen zu und schrieb ihm den Totenschein aus.

~

KÄTHE KOLLWITZ (1867–1945)

Die ostpreußische, aus Königsberg stammende Künstlerin blieb ihr Leben lang den schwerblütigen Themen treu: Elend, Armut, Krieg, Tod und Trauer. Sowohl als Bildhauerin als auch als Grafikerin schuf sie unvergängliche Meisterwerke. Ihr derzeit bekanntestes ist die Plastik *Mutter mit totem Sohn*, welche als Bronze-Pietà (vierfach vergrößert) in der Neuen Wache in Berlin, Unter den Linden, der zentralen Gedenkstätte Deutschlands, steht. Das Kunstwerk gibt dem Schinkelbau Würde und Ruhe. Die expressionistischen Blätter der Käthe Kollwitz zeigen ihr immerwährendes soziales und politisches Engagement: *Ein Weberaufstand, Bauernkrieg, Helft Russland, Abschied und Tod.* Käthe Kollwitz lebte als Frau eines Kassenarztes im Norden Berlins, sie wurde 1919 als erste Frau in die Preußische Akademie der Künste aufgenommen und erhielt den Professoren-Titel (damals eine seltene Ehrung). Den Tod ihres Sohnes Peter – er fiel im Oktober 1914 in Flandern – hatte sie nie verwunden, »das war der schwerste Schlag meines Lebens«. Die Machtergreifung der Nazis 1933 engte ihre künstlerischen Möglichkeiten stark ein; sie durfte nicht mehr ausstellen. Nach dem Tod ihres Mannes und des geliebten Enkels Peter – gefallen 1942 als Soldat in Russland – kreisten alle ihre Gedanken um das Ende: »Tot sein, o ja, das ist mir oft ein guter Gedanke.« Wenige Tage vor Ende des Zweiten Weltkriegs, am 22. April 1945, starb sie als Flüchtling in Moritzburg bei Dresden.

»Lasst mich fortgehen, meine Zeit ist um.«

KONFUZIUS (551–479 v. Chr.)
Als Weiser hat sich der alte Chinese vorsichtshalber nie über den Tod geäußert. »Wenn man noch nicht das Leben kennt, wie sollte man den Tod kennen?« Gute

Frage. Aphorismen dieser Art waren die Stärke des Philosophen, und zu seinen Lebzeiten hätte kaum jemand für möglich gehalten, dass daraus posthum eine staatstragende Religion werden könnte. Und was für eine! Sie überdauerte zweieinhalb Jahrtausende und formte China und Japan. Konfuzius' Schriften – es sind nicht viele und dünn sind sie auch – präsentierten den Nachlebenden eine konservative Sozialphilosophie. Im Kern raten sie immer zur Mäßigung. Konfuzius lehrte über die Künste, das rechte Verhalten, über Loyalität und Verlässlichkeit. Stets ist sein Credo, dass das Glück des Menschen nicht vom Individuum ausgeht, sondern vom Staat und von der Familie. Deshalb sollten die Älteren die Jüngeren leiten, die Höheren alle Rangniederen, und die Frauen sollen den Männern dienen. Diese Grundsätze eignen sich prächtig für eine Staatsreligion.

Trotz seiner Überzeugungen hatte der große Chinese nicht das Glück, dauerhaft in eine hohe (gut dotierte) Beamtenposition berufen zu werden, obgleich er sich darum bemühte. Er tingelte jahrzehntelang als Privatlehrer durch das Reich der Mitte, seine Schüler ernährten ihn. In den Rang eines philosophischen Kanonikus kam er erst mit seinem Tod. So überrascht es nicht, dass er auf die alten Tage zwischen der größenwahnsinnigen Idee, er stamme aus einem Königshaus (in Wahrheit war er ein Kind armer Leute), und einer resignativen Erkenntnis hin und her schwankte. Diese ist als sein letztes Wort überliefert.

Seinen Stock hinter sich herschleifend, sang der 70-jährige Konfuzius:

»*Der Weise geht dahin wie eine verwelkte Blume.*«

KARL KRAUS (1874–1936)
war ein besonders scharfzüngiger Wiener Literat, Herausgeber einer eigenen Zeitschrift (*Die Fackel*) und als Polemiker seiner Zeit unerreicht. Der in Böhmen geborene Kaufmannssohn wollte in der Hauptstadt des morbiden k.u.k.-Reiches eigentlich Schauspieler werden (daraus wurde nichts), dann Jurist (das Studium beendete er ohne Examen), schließlich Verleger, Dichter, Dramatiker, Vorleser und Kritiker (das alles gelang ihm eindrucksvoll). Mehrfach musste er vor Gericht, wiederholt sah er sich antisemitischen Pöbeleien ausgesetzt (obwohl er Katholik geworden war), am Ende allen Streits hatte er die Lacher jedoch dank seines überragenden Sprachtalents meist auf seiner Seite. Eine Probe: »Das Wort ›Familienbande‹ hat einen Beigeschmack von Wahrheit.«

An hohem Blutdruck, Herz- und Lungenbeschwerden leidend, blieb er bis zum letzten Tag streitbar. Noch auf dem Totenbett gab er dem behandelnden Arzt die Schuld an seinen Krankheiten. Seine Freundin Helene Kann, die bei dem Junggesellen wachte, widersprach ihm: »Ach Karl, dem tust du auch Unrecht.« Da richtete sich der Sterbende zu seiner finalen Frage auf:

»Wem habe ich denn jemals Unrecht getan?«

Der Wiener Maler Oskar Kokoschka schrieb nach dem Tod seines großen Zeitgenossen: »Karl Kraus ist abgestiegen zur Hölle, zu richten die Lebendigen und die Toten.«

GUSTAV LANDAUER (1870–1919)

Der Sozialphilosoph, Schriftsteller und Anarchist war Mitglied des revolutionären Zentralarbeiterrats in München und der Bayerischen Räteregierung, die sich im April 1919 drei Wochen an der Macht hielt. Als die reaktionären Freikorps, verstärkt durch »Bürgerwehr«, Gebirgsschützen aus den Alpentälern und preußische Truppen, die »Rote Armee« vor und in der bayerischen Hauptstadt besiegt hatten, ging Gustav Landauer nach Hause. Er wohnte bei der Witwe des acht Wochen zuvor ermordeten Ministerpräsidenten Kurt Eisner, der die bayerische Monarchie der Wittelsbacher nach fast 1000 Jahren besiegt und das aparte, heute noch gebräuchliche Wort »Freistaat« erfunden hatte. Bei der Witwe Eisner wurde Landauer am 1. Mai, dem Feiertag der Arbeiter, verhaftet und zunächst auf offenem Lastwagen in das Amtsgefängnis von Starnberg gebracht. Am folgenden Tag ging es unter militärischer Bewachung in das Münchner Gefängnis Stadelheim. »Wir haben ihn, den Landauer«, schrien die Soldaten, »den Gustav Landauer, der die Weiber sozialisieren wollte. Jetzt sozialisieren wir ihn!« Erste Schläge prasselten auf ihn ein. Landauer blutete. »Der Hetzer, der muss weg! Derschlagts ihn!« Im Hof des Gefängnisses kesselten ihn immer mehr Männer ein, Militärs und Zivilisten. Landauers Lage wurde aussichtslos.

>> *Erschlagt mich doch!*
> *Dass ihr Menschen seid!*«

Ein Vizefeldwebel in Uniform schoss dem halb bewusstlosen, am Boden Liegenden erst in den Kopf, dann auch noch durch den Rücken ins Herz.

Nach der Machtübernahme der Nationalsozialisten in München, der »Hauptstadt der Bewegung«, wurde Landauers Grabmal auf dem Waldfriedhof, das die »Anarchosyndikalistische Vereinigung« 1925 errichtet hatte, restlos zerstört. Die Gebeine des toten Anarchisten wurden ausgegraben und in einem Sack an die Jüdische Gemeinde geschickt.

FERDINAND LASSALLE (1825–1864)

Der deutsche Schriftsteller und Großvater der Sozialdemokraten gab sein Leben – wie Puschkin – für die Ehre einer jungen Frau. Das hätte er, fanden Marx und Engels, besser bleiben lassen, denn Helene von Dönniges, 19 Jahre alt, war ein besonders munteres Mädchen, die später Schauspielerin wurde und dreimal heiratete. Mit dem »feurigen Revolutionär«, dem Präsidenten des von ihm 1863 gegründeten Allgemeinen Deutschen Arbeitervereins (ADAV), hatte die gerade erst geadelte Gesandtentochter nur großes Theater gespielt. »Ich bin das unglücklichste Geschöpf auf der Welt«, klagte sie dem doppelt so alten und syphiliskranken Mann. »Hier hast Du meine Sache, mach mit mir, was Du willst.« Lassalle wollte heiraten – wennschon, dennschon. »Typisch Baron Itzig«, lästerte Engels über seinen jüdischen Mitstreiter, einen Kaufmannssohn mit dem Drang zum Adel und den höheren Ständen. Die flotte Helene hatte außer Lassalle jedoch noch einen Verlobten in petto, den rumänischen Bojaren Joan Janko von Racowitza, 25. Der war sportlicher, übte sich im Schießen, und als es nach einigen Wochen Hin und Her bei Genf zum Duell kam, hatte sich der Bojar nur in einer Frage nicht durchgesetzt. Er wollte gern mit einer »gezogenen« Pistole auf seinen Nebenbuhler schießen, der ADAV-Präsident bevorzugte eine »glatte«. Ein gezogener Pistolenlauf verbessert die Treffsicherheit, der glatte mindert sie. Die späte Vorsicht rettete den Dr. phil. Lassalle (er hatte seinen Familiennamen französisiert, eigentlich hieß er Lassal) nicht mehr. Auch mit der glatten Pistole traf Racowitza, direkt in die Hoden. Lassalle schoss daneben. »Sind Sie verwundet?«, fragte sein Sekundant.

»Ja.«

Es war Lassalles letztes Wort.

Sein Gegner überlebte den Arbeiterführer nur um fünf Monate, dann starb der Junker an Tuberkulose. »Subjektiv«, schrieb Engels an Marx, »mag Lassalles Eitelkeit ihm die Sache plausibel vorgestellt haben, objektiv war es eine Schufterei, ein Verrat der ganzen Arbeiterbewegung an die Preußen.« So ähnlich hatte auch Lassalle selbst die Duelliererei betrachtet, 1858, sechs Jahre bevor ihm Helene begegnete. Damals schrieb er an Karl Marx, er habe »das Duellieren stets als versteinertes Überbleibsel einer vergangenen Epoche angesehen – unvereinbar mit den Prinzipien der Demokratie«.

WLADIMIR ILJITSCH LENIN (1870–1924)
Der russische Revolutionär hat viel zustande gebracht: seine eigene kleine Partei, die »Bolschewiken«, gegründet (1903); im riesigen Russland erfolgreich eine

Revolution angezettelt (1917); den Zaren und seine Familie erschießen lassen (1918); die Fundamente für einen mächtigen Sowjetstaat gelegt; die Kommunistische Internationale gegründet (1919) und seine Ideen weltweit exportiert. Nach seinem frühen Tod wurde der kleine glatzköpfige Berufspolitiker (eigentlich ein Rechtsanwalt) in aller Welt von Hunderten Millionen Menschen wie ein Gott verehrt. Ihm zu Ehren wurden Denkmäler, Bilder, Orden ohne Zahl wie Tabernakel geweiht, es gab hauptberufliche Professoren für Leninismus in Bataillonsstärke in Dutzenden Ländern und in Moskau ein riesiges, geheimnisvoll düsteres Mausoleum für den Leichnam (oder was dafür ausgegeben wird).

Als Privatmann kombinierte Lenin (eigentlich hieß er Uljanow) Charme und Bescheidenheit; er war fleißig, zuverlässig und ausdauernd. Er entstammte dem russischen Kleinadel, hatte eine deutsche Großmutter und bewunderte das Deutsche Reich: organisierte, disziplinierte Arbeiter, öffentliche Hygiene, Schulpflicht, und die Post funktionierte damals auch noch. Als Lenin 1895 das erste Mal zwei Monate in Berlin war, wurden Briefe sechs Mal pro Tag ausgetragen. Er kam noch achtmal nach Berlin und sprach ganz ordentlich Deutsch. Seine Rückkehr in das revolutionäre Russland organisierte 1917 der deutsche Generalstab.

Lenins kurze Regierungszeit in Petersburg (später Leningrad) und Moskau war voller Widersprüche.

Einerseits bemühte sich der kommunistische Führer, sein träges Russland in Schwung zu bringen; andererseits sah er sich einer Welt von Feinden gegenüber, die er gnadenlos töten ließ, Hunderttausende. Auf ihn selbst verübte eine konkurrierende Sozialrevolutionärin schon 1918 ein blutiges Attentat. In der Atmosphäre permanenter Anforderungen, Parteiintrigen, Katastrophen, Hungersnöte und Läuseepidemien erlitt der erst 52-jährige Berufsrevolutionär 1922 seinen ersten Schlaganfall. Lenin war ein »Hochdrucktyp« und für diese Erkrankung seiner verkalkten Hirngefäße disponiert. Die Schlaganfälle wiederholten sich im Abstand weniger Monate noch zweimal, obwohl sich an seinem Krankenlager ein gutes Dutzend vornehmlich deutscher Medizinprofessoren drängelte. Außer Schonung gab es keine sinnvolle Therapie. Am Ende war Lenin (dessen Großvater als Arzt praktiziert hatte) halbseitig gelähmt, seiner Sprache weitgehend beraubt, von den politischen Geschäften durch seinen Nachfolger Stalin vollständig abgekoppelt und von Fieberanfällen gequält. Man hatte den Arbeiterführer aus dem Kreml in das außerhalb der Stadt gelegene zaristische Schloss Gorki verlegt. Er schlief viel, auch tagsüber. Seine treue Frau Nadeschda Krupskaja, eine Lehrerin, die ihn in der sibirischen Verbannung 1898 geheiratet hatte, las ihm vor, zuletzt die Kurzgeschichte »Love of Life« des amerikanischen Abenteuerautors Jack London. Sie handelt vom Kampf zwischen einem sterbensschwachen Mann und einem hungrigen Wolf; der Mann gewinnt. Lenin gefiel das.

»Lies mir mehr von dem Jack London vor«,

bat er. Die nächste Geschichte hatte eine stinkbürgerliche Moralpointe. Lenin winkte müde ab. Er schlief wieder ein. Am nächsten Tag war er tot.

JOHN LENNON (1940–1980)
war Gründer und Chef der »Beatles«, der erfolgreichsten Pop-Band aller Zeiten. Der Liverpooler, hochbegabt auf vielen künstlerischen Feldern, eröffnete und formte ein neues Zeitalter der (Jugend-)Kultur, ein Reich der Freiheit, des Sex, der Liebe unter den Menschen, auch des Nonkonformismus und der Drogen. Der Sturmlauf der Beatles in den sechziger Jahren vereinte Millionen Menschen in allen Kontinenten. Die langhaarigen englischen Gitarristen wurden zum Vorbild anderer junger Künstler und galten seinerzeit dem konservativen Establishment der Eltern und der Besitzenden als teuflische Heimsuchung. Dabei handeln Lennons Lieder, von denen er mehrere Hundert komponiert und getextet hat – oft mit seinem kongenial begabten Mit-Beatle Paul McCartney zusam-

men –, meist von der Liebe, den kleinen Freuden des Alltags und nur selten von Revolution und Widerstand. John Lennons politische Aktivitäten waren eindeutiger. Er engagierte sich gegen den Vietnamkrieg, für die bewaffnete nordirische Befreiungsarmee (IRA), die Rechte der Indianer und am Ende, unter dem Einfluss seiner älteren japanischen Ehefrau Yoko Ono, für den Feminismus. Sie sorgte auch dafür, dass der Engländer während seines letzten Lebensjahrzehnts in den USA lebte. Die vormals überbordende Kreativität versiegte nahezu. Lennon hat außer den Beatles-Liedern aus früher Zeit auch Filme, Gedichte, Zeichnungen und Karikaturen hinterlassen. An seinem letzten Lebenstag verließ er am Nachmittag in Begleitung von Yoko Ono gemeinsam die New Yorker Stadtwohnung und gab dem 25-jährigen Texaner Mark David Chapman, der vor der Tür auf ihn gewartet hatte, auf dessen Bitte ein Autogramm. Bei der Rückkehr gegen 23 Uhr schoss Chapman aus dem Dunkeln fünfmal mit seinem Revolver auf Lennon. Jeder Schuss wäre tödlich gewesen. John Lennon lief noch einige Schritte und sagte, während er sterbend zusammenbrach:

»Ich bin getroffen.«

~

GOTTHOLD EPHRAIM LESSING (1729–1781), Schriftsteller und Deutschlands bekanntester Aufklärer, fürchtete sich nicht. »Totsein hat nichts Schreckliches«, schrieb er 13 Jahre vor seinem eigenen Ende, »und insofern Sterben nichts als der Schritt zum Totsein ist, kann auch das Sterben nichts Schreckliches haben.« Diese, eines Aufklärers würdige Position stabilisierte der Pfarrerssohn durch eine religiöse Zusatzhoffnung: »Ist nicht die ganze Ewigkeit mein?« Außerdem nahm der Dramatiker (*Minna von Barnhelm, Emilia Galotti, Nathan der Weise*) sich für den Ernstfall fest vor: »Ich werde vielleicht in meiner Todesstunde zittern, aber vor meiner Todesstunde werde ich nie zittern.« Daran hat er sich gehalten. Die Stunde kam eher als gedacht, denn der rast- und ruhelose Multi-Student (Theologie, Philologie, Medizin), Multi-Schreiber (Journalist, Übersetzer, Kritiker, Fabeldichter, Theaterautor) und Berufswechsler (Sekretär, Dramaturg, Druckereibesitzer, Reisebegleiter, Bibliothekar) war bereits mit 52 Jahren am Ende. Verwitwet, unzufrieden im Bibliothekarberuf, versorgt von einem Lohnlakaien (der nebenbei Leichenwäscher war), wurde er in Braunschweig schwer krank. Die Diagnosen lauteten »Stickfluss« und »Schlagfluss«, also Lungenödem (Gewebswasser in der Lunge) und Schlaganfall. Noch an seinem letzten Lebenstag empfing er Besucher. Seine Stieftochter berichtete Jahrzehnte später, der Sterbende habe am Ende nichts mehr gesagt, sondern nur »mit einem unaussprechlichen

seelenvollen Blick« ihre, der Stieftochter, Hand ge-
drückt. Kurz nach dem Tode kursierte in Braunschweig die wohl eher zutreffende Geschichte, Lessing
habe sein stets von Geldsorgen überschattetes Leben
in den Armen seines ambulanten Lotterieagenten aus-
gehaucht und diesem seine letzte Glückszahl zuge-
flüstert:

»Zweiundfünfzig.«

OTTO LILIENTHAL (1848–1896)

hat das Fliegen erfunden und dafür mit seinem Leben
bezahlt. Der Berliner Ingenieur, Erfinder und Maschi-
nenfabrikant konstruierte ab 1890 federleichte Flug-
apparate aus Weidenruten, Draht und Baumwollstoff,
Ein- und Doppeldecker, alles noch ohne Motor. Mit
den fliegenden Gespinsten schwebte er von märki-
schen Hügeln weit durch die Luft, bis zu 300 Metern.
Seine Zeitgenossen hielten ihn für einen Gaukler und
Artisten, dabei hatte er die »Fliegekunst« in sorgsamen
Studien den Vögeln abgeschaut und darüber ein Buch
(einen Ladenhüter) verfasst: *Der Vogelflug als Grund*
lage der Fliegekunst. Lilienthals bevorzugter Startplatz
war der Gollenberg, rund 70 Kilometer nordwestlich
von Berlin im Rhinower Ländchen gelegen. Dort ließen sich »weite Luftsprünge machen«, lobte der Er-

finder, »und das Dahinschweben auf so große Entfernungen gewährt einen unvergleichlichen Reiz«.

Nach fast 3000 Starts und Landungen stürzte Otto Lilienthal am 9. August 1896 aus 15 Meter Höhe ab und brach sich dabei das Genick, den dritten Halswirbel. Noch bei Bewusstsein fuhr man ihn mit einer Kutsche in den benachbarten Gasthof. Als sein alarmierter Bruder aus Berlin eintraf, konnte Otto noch sprechen. Sein letzter, das Unglück legitimierender Satz:

»Kleine Opfer müssen gebracht werden.«

Dann fiel Otto Lilienthal ins Koma, am folgenden Tag starb er.

～

MARINUS VAN DER LUBBE (1909–1934)
Der holländische Maurer war bettelarm und arbeitslos. Die deutsche Sprache konnte er nur radebrechen, seine Sehkraft war (nach einer Schlägerei) eher schwach. Bei den Frauen hatte er kein Glück, unter Genossen galt der Anarchokommunist als politischer Wirrkopf. Auf der Suche nach der Revolution machte er sich zu Fuß und als Anhalter Anfang Februar 1933 von den Niederlanden in die deutsche Reichshauptstadt Berlin auf. Dort hatten die Nationalsozialisten gerade die

Macht übernommen. Hier wollte er ein großes Zeichen setzen, Startschuss zum Aufstand der Arbeiter, das flammende Fanal der Revolution. Deshalb setzte Marinus van der Lubbe am späten Abend des 27. Februar 1933 den Reichstag in Brand, er ganz allein, Marinus van der Lubbe aus Leiden in Holland.

Das riesige Gebäude brannte noch, der atemlose Anarchist war schon verhaftet, als man begann, ihm die Tat abzusprechen. Im brennenden Reichstag verkündete Adolf Hitler, das Feuer sei das Werk der Kommunisten, und deshalb werde er »die Mörderpest mit eiserner Faust zerschlagen«. Am nächsten Morgen beschlossen die Kommunisten ihrerseits, es seien in Wahrheit die Nazis selbst gewesen, genauer: deren SA. Dabei hatte Marinus van der Lubbe seine allerletzten 30 Pfennig in vier Kohlenanzünder investiert und im Furor des Feuerlegens auch noch Jacke, Hemd und Unterhemd als Fidibusse verbrannt. In dem leeren, dunklen Gebäude hatte er wie ein Wirbelwind in knapp 20 Minuten Handtücher und Papierkörbe in Brand gesetzt, am Ende im Plenarsaal die knochentrockenen langen Vorhänge. Minuten später schlugen die roten Flammen weit leuchtend aus der Kuppel des hohen Hauses. Monatelang machte das Reichsgericht in Leipzig dem geständigen Angeklagten und einigen Kommunisten den Prozess. Am 23. Dezember 1933 erging das Urteil. Die Kommunisten wurden freigesprochen, zu Recht. Marinus van der Lubbe, der im Verfahren auf Deutsch gesagt hatte: »Ich war es ganz allein«,

wurde wegen »Hochverrats in Tateinheit mit aufrüh-
rerischer Brandstiftung« zum Tode verurteilt. Das Gesetz war erst nach der Tat erlassen worden. Der Holländer war 24 Jahre alt und ganz allein. Im Leipziger
Gefängnishof bauten die Henker ihre Fallschwert-
maschine auf. 24 Zeugen – im Talar, im Frack, in Uniform – versammelten sich am Morgen des 10. Januar
1934 um das Blutgerüst, darunter seine Richter. Apa-
thisch ließ sich der junge Mann vorführen. Die Henker trugen weiße Handschuhe, der Pfarrer eine Bibel.
Ob er denn noch etwas zu sagen habe, fragte man den
Verurteilten. Nein. Als der Kopf des Marinus van der
Lubbe auf dem Block lag, hörte der Pfarrer ihn sagen:

»Endlich.«

MARTIN LUTHER (1483–1546),
der die heilige katholische Kirche ungewollt spaltete,
war eigentlich Mönch, ein Augustiner-Eremit von sitt-
lichem Ernst und großem Charisma. Geplagt von Ge-
wissensnöten und Höllenfurcht, gebunden durch ein
leichtfertiges Versprechen während eines schweren
Gewitters (»Hilf du, heilige Anna, ich will ein Mönch
werden«), war der Bergmannssohn als junger Jura-
student 1505 in Erfurt in den Orden eingetreten. Schon

eineinhalb Jahre später wurde er zum Priester geweiht. 1512, als 29-Jähriger, war er bereits Theologieprofessor in Wittenberg, und 1517 schlug er seine berühmten 95 Thesen an die Tür der Schlosskirche. Deren Echo wäre wohl eher schwach geblieben, denn in ihnen stand nichts, was dem Papst, seiner Geldeintreiber-Brigade und den römischen Kardinälen nicht bereits vorgehalten worden war. Die eigentliche Sprengkraft entfalteten die gerade erfundene Druckerkunst, Luthers persönlicher Wagemut und politische Intrigen. Am Ende gab und gibt es bis heute evangelische Kirchen. Luther selbst überstand Heimsuchungen, einen Ketzerprozess und die lebensgefährliche Reichsacht. Er heiratete eine entlaufene Nonne, obwohl bis dahin als gesichert galt, dass Mönch und Nonne gemeinsam nur den »Antichristen«, den Feind des Erlösers, in die Welt setzen können. Luther wurde Vater von sechs Kindern. Er war ein Macho (stand aber unter dem Pantoffel), Antisemit (ihm ging es um den Glauben, nicht um Rasse oder Blut) und, vor allem auf seine alten Tage, ein obrigkeitstreuer Untertan. Großer Hunger und großer Durst ließen seinen athletischen Leib schwer und schwerer werden, er litt an Gicht und zuletzt an Herzschwäche. 62-jährig wurde er auf der letzten Reise in seiner Geburtsstadt Eisleben bettlägerig. Vor dem Sterben war ihm bang. »Mir ist sehr weh und angst, ich fahre dahin«, klagte er. Die durchschnittliche Lebenserwartung seiner Zeit hatte der Reformator jedoch weit überschritten. Am Ende faltete er fromm die Hände und empfahl dem gnädigen Gott seine so oft rebellische Seele. Außerdem erkannte er:

»Wir sind Bettler, das ist wahr.«

Rosa Luxemburg (1871–1919)

Am Tag vor ihrem gewaltsamen Tod war die Kommunistin noch guter Dinge. Nach dem Ende des Deutschen Kaiserreichs im November 1918 und ihrer Freilassung – nicht Befreiung – aus einem preußischen Gefängnis hatte der »Adler der Revolution« (Lenin) zur unruhigen Jahreswende 1918/19 mit hundert Gleichgesinnten in Berlin die Kommunistische Partei Deutschlands aus der Taufe gehoben. In der *Roten Fahne*, dem Zentralorgan, trommelte sie nimmermüde gegen die Sozialdemokraten, diesen »Haufen organisierter Verwesung«, und für die Revolution. Am Tag vor dem Märtyrertod versprach Frau Dr. iuris publici et rerum cameralium ihren proletarischen Lesern, dass sich schon morgen die Revolution »rasselnd wieder in die Höh' richten« werde, mit »Posaunenklang« und zum Entsetzen aller »stumpfen Schergen«. Ihre Hoffnung galt dem »Spartakusaufstand«, einer eher lokalen Revolte im Berliner Zeitungsviertel. »Auf, Proletarier! Zum Kampf!«

Doch der Klassenfeind ruhte nicht. SPD und rechts-nationale »Freikorps«-Truppen machten Jagd auf die Revolutionäre und, wenn sie ihrer habhaft wurden, meist kurzen Prozess. Luxemburg, ihr Mitstreiter Dr. iur. Karl Liebknecht und der Tischler Wilhelm Pieck (später Präsident der DDR) wurden am 15. Januar 1919 in ihrem Versteck im bürgerlichen Stadtteil Wilmersdorf von einer »Bürgerwehr« verhaftet. Rosa Luxemburg wurde als »galizische Jüdin« beschimpft. Bei der Einlieferung in das Stabsquartier der Garde-kavallerie-Division im Hotel Eden (zwischen Gedächt-niskirche und Zoo) begrüßte der Wachhabende die 48-jährige Politikerin freudig mit »Rosa, du alte Hure!«. Man führte sie in den ersten Stock zu dem vernehmenden Hauptmann Papst. Der wahrte die Formen. Zwischen beiden entwickelt sich folgender Dialog: »Sind Sie Frau Rosa Luxemburg?« – »Ent-scheiden Sie bitte selber.« – »Nach dem Fahndungs-bild müssten Sie es sein.«

»Wenn Sie das sagen.«

Der Hauptmann teilte mit, sie werde nun in das Un-tersuchungsgefängnis Berlin-Moabit eingeliefert. In der Wartezeit schwieg Rosa Luxemburg. Sie las in ihrem Handexemplar des *Faust*. Als man die kleine, nur 1,49 Meter große Frau, behindert durch eine an-geborene beidseitige Hüftgelenksverrenkung, nach unten führte, schlug ihr der Jäger Wilhelm Runge mit zwei Kolbenhieben seines Gewehrs am Hoteleingang den Schädel ein. Im offenen Transportauto gab ein Offizier der sterbenden Frau den Gnadenschuss. Dann warf man ihren Leichnam in dunkler Nacht in den benachbarten Landwehrkanal. Jäger Wilhelm Runge war, bevor er für den Kaiser in den Krieg zog, ein Arbeiter gewesen.

THOMAS MANN (1875–1955)

Schriftsteller, Nobelpreisträger, Hanseat, Großbürger, Hitler-Gegner. Den Bürgern seiner Heimatstadt Lübeck, in der sein Vater Senator gewesen war, hat er aber auch Verdruss bereitet. »... der kleine Thomas Mann, der unter uns herumlief und so ungewöhnlich faul war und nicht gut tun wollte ...«, referierte der später so berühmte Sohn die Stimmung der Lübecker zu seinen Jugendzeiten, weshalb er sich, kaum 18 Jahre alt, ohne Abitur und schon vaterlos, auf und davon machte. Nach München. Als würde das nicht reichen, wurde er im katholischen Süden auch noch Redakteur des frechen, gotteslästerlichen *Simplicissimus.* Immerhin: Nebenbei schrieb er die *Buddenbrooks. Verfall einer Familie.* Dieses dicke Buch, ein Jahrhundertwerk, 1901 vollendet, trägt seinen Ruhm noch heute.

Weil sich der Autor trotz destabilisierender Momente – suizidale und homoerotische Neigungen in der Familie, rechtsnationale Stimmungen während des Ersten Weltkriegs – schon in jungen Jahren die richtige Frau fürs Leben suchte und seine Tage wie ein höherer Beamter ordnete – morgens dichten, nachmittags korrespondieren, abends Gespräche (nur Zigarren, keine Besäufnisse) –, schenkte er in den folgenden fünf Jahrzehnten der Weltliteratur weitere Meisterwerke: *Der Tod in Venedig* (1912), *Doktor Faustus* (1947), *Der Zauberberg* (1924), *Lotte in Weimar* (1939) und, als 80-Jähriger, die Schiller-Reden. Die Nazis hassten ihn. Adolf Hitler ließ dem großen deutschen Romancier die Staatsangehörigkeit aberkennen. Mann wurde notgedrungen erst Tschechoslowake (1936) und, als es das Land nicht mehr gab, 1944 Amerikaner. Doch das sonnige, in seinen Augen banale Kalifornien konnte ihn auf Dauer nicht halten. Mann und seine Kernfamilie zogen nach Kilchberg bei Zürich. In Zürich ist er auch gestorben. Weil ihn, den sensiblen und zur Hypochondrie neigenden Künstler, Ehefrau und Ärzte gemeinsam über den Ernst seiner schweren arteriosklerotischen Durchblutungsstörungen täuschten, starb Thomas Mann gut gelaunt und hoffnungsvoll. Sein letzter Satz:

»Gebt mir meine Brille.«

~

Maria Theresia (1717–1780)

Die Wiener Monarchin aus dem alten Herrscher-geschlecht der Habsburger durfte im Laufe ihres Lebens zu Recht alle Titel führen, die sich eine Regentin nur wünschen kann: Erzherzogin, Königin, Kaiserin. Als sie, 23-jährig, an die Regierung kam, war Österreich ein müder Staat ohne Kraft und Reputation. Nach vierzig Jahren Maria Theresia stand die Donau-Monarchie gut da: Elf Kernvölker, eine domestizierte katholische Kirche und tüchtige Zentralbehörden sorgten für Ordnung. Es gab ein einheitliches Strafgesetz und, wichtiger noch, eine allgemeine Steuerpflicht, sogar für Adlige und Priester. Beim Volk erfreute sich die rundliche Regentin großer Sympathien: Maria Theresia war kinderreich (ihre Tochter »Tonja« wurde als Marie Antoinette französische Königin und 1793 guillotiniert), gläubig, eine mütterlich-brave Ehefrau, die die Staatsgeschäfte mit Fleiß und Scharfblick zum Erfolg führte.

Mit der Gesundheit der Monarchin stand es nicht zum Besten. Zwar hatte sie die Pocken 1767 überlebt, doch wurde sie relativ jung übergewichtig und kurzatmig. Am Ende ging ihre asthmatische Luftnot in ein Lungenödem, kombiniert mit Herzschwäche, über. Maria Theresia wusste, wie es um sie stand. »Ich fürchte mich einzuschlafen, denn ich möchte nicht vom Tod überrascht werden. Ich will ihm ins Gesicht sehen«, sagte sie in der Nacht vor ihrem Tod. Sie ließ alle ihre Diener rufen und bat um Vergebung, falls sie einem Unrecht getan habe. Ihr letzter Wunsch war, man möge die Fenster öffnen. Das Wetter war schlecht, Maria Theresia blieb Realistin. »Ich habe kein schönes Wetter für meine lange Reise.« Als sie versuchte, noch einmal aufzustehen, brach sie an der Bettkante zusammen. Ihr Sohn Joseph wollte ihr helfen. »Euer Majestät liegen schlecht.«

»Ja, aber zum Sterben liege ich gut genug.«

Bob Marley (1945–1981)

Der Gitarrist und Sänger aus Jamaika – »The Island in the Sun« – war ein Rastafari. Deshalb trug er die Haare lang, zu Zöpfen gedreht und verfilzt. Das gab ihm das Aussehen eines äthiopischen Löwen. Als er im verschneiten Oberbayern Ende 1980 die aufgeräumte, heile Welt der Ringbergklinik in Rottach-Egern das erste Mal sah, wurde dem Vater des Reggae ganz schwer ums Herz. Hier also, in diesem sterilen deutschen Krebskrankenhaus, das die Patienten gewöhnlich nur liegend, mit den Füßen voran des Nachts in einem Sarg verließen, sollte sich Marleys Schicksal endgültig entscheiden: Würde es dem umstrittenen deutschen Arzt Joseph Issels gelingen, die bösartigen Tumore in Kopf und Körper des weltberühmten Musikers kleinzukriegen?

Bob Marley glaubte an Gottvater, zusätzlich an etliche lokale Götter und Kobolde und an Joseph Issels, den deutschen Magier. »Wir können es schaffen«, hatte er versprochen. Marley verspürte positive »Vibrationen«, er ließ sich die faulen Zähne ziehen und die Rachenmandeln operieren, er ertrug klaglos die Vitaminspritzen, eine hauseigene Diät und Transfusionen mit sauerstoffreichem Blut. Er gewöhnte sich sogar an den Schnee. Wenn er Zuversicht schöpfte, dröhnte er sich den Kopf mit seinen unvergänglichen Liedern voll: *I shot the Sheriff, Buffalo Soldier* und vor allem *No woman, no cry.* Zwölf Kinder hatte er in seinem kurzen Leben gezeugt, zwölf Kinder von sieben Frauen. In Rottach-Egern war er ziemlich allein, und dem Reggae durfte er aus Rücksicht auf die todkranken anderen Patienten nur über Kopfhörer lauschen. Seine letzte Freundin Cindy besorgte für den Krebs kranken traditionelle Buschheilmittel aus Äthiopien, damit nichts versäumt werde. Doktor Issels entließ einen sterbenden Patienten. Der große Mann wog nur noch 42 Kilo.

Bob Marley wollte unbedingt auf Jamaika sterben. Über den Wolken, auf dem Flug nach Amerika, sah er noch einmal die Sonne. Doch in Miami/Florida war der Sänger zu schwach für den Weiterflug. Als er im Bett lag, nahm er Cindys Hand und sagte in seinem unnachahmlichen Jamaika-Kreolisch:

»Maddah, don't cry. I'll be allright.
I'm gwan ta prepare a place.« –
Ich werde einen Platz für dich herrichten.

Einen Platz im himmlischen Paradies der Rastafari.
Vierzig Stunden nachdem er Deutschland verlassen
hatte, war Bob Marley tot.

KARL MARX (1818–1883)

Der Philosoph aus Trier brachte es, gemeinsam mit
seinem Freund Friedrich Engels, zum Vater des Kom-
munismus und der »Diktatur des Proletariats« und
außerdem, wie sie sich gegenseitig versicherten, zur
Entdeckung der »Entwicklungsgesetze der menschlichen Geschichte«. Das ist ein Anspruch, wie er gewöhnlich nur von Religionsstiftern reklamiert wird.
Doch auch Marx und Engels rekrutierten mit ihrer
Theorie vom »historischen Materialismus« im Lauf
von rund 150 Jahren viele hundert Millionen Anhänger, »Marxisten«, in allen Kontinenten und Sprachen.
Seit dem Ende des zweiten Jahrtausends nimmt ihre
Anhängerschaft jedoch überall rapide ab – eine Niederlage, wie sie Karl Marx aus seinem privaten Leben
geläufig war. Er hatte immer massiven Streit (meist
verlor er), extreme Geldsorgen (Unternehmer Engels

half), Chaos in der Familie (mit seinem braven Hausmädchen zeugte er ein Kind), in jungen Jahren war er auf der Flucht oder wurde ausgewiesen und seine Bücher verkauften sich schlecht. Den Bestseller, den er im Revolutionsjahr 1848 zusammen mit seinem Freund Engels verfasst hatte – das *Kommunistische Manifest* –, gab es gratis, sein vielbändiges Hauptwerk – *Das Kapital* – lag wie Blei. In seinen letzten Lebensjahren häuften sich gesundheitliche Komplikationen an Leber, Lunge und Gehirn. Karl Marx verwitwete, ihm starb auch noch die Lieblingstochter, doch blieb dem deutschen Rabbinernachkommen auch in seinem Exil in London die deutliche Sprache. Geschwächt von der Tuberkulose und ruhelosen Erholungsreisen, zuletzt ins sonnige Nordafrika, zitierte er seinem Freund Friedrich Engels (der ihn um zwölf Jahre überlebte) den griechischen Philosophen Epikur: »Tod ist kein Unglück für den, der stirbt, sondern für die Überlebenden.«

Weil seinerzeit ein zitables letztes Wort für Herren von Stand als en vogue galt, sagte Marx, müde im Lehnstuhl sitzend, seinem treuen Engels, was er davon hielt:

»Letzte Worte sind etwas für die törichten Leute, die nicht genug zu sagen gehabt haben.«

MATA HARI (1876–1917)

Weshalb die gebürtige Holländerin, die als berühmte Nackttänzerin vor dem Ersten Weltkrieg durch die europäischen Länder tingelte, in ihren letzten Minuten bei den zwölf Männern des Exekutionspelotons einen charmanten Eindruck hinterlassen wollte, ist der Spekulation anheimgegeben. Die wegen Spionage für Deutschland von einem französischen Militärtribunal – wahrscheinlich ziemlich unschuldig – zum Tode Verurteilte lächelte, als sie am Richtplatz im Festungsgraben von Vincenne der bewaffneten Soldaten ansichtig wurde. Auf die Frage, ob sie an den Pfahl gefesselt werden wolle oder eine Augenbinde wünsche, entgegnete sie dem kommandierenden Offizier:

»Non, Monsieur, ich danke Ihnen.«

KARL MAY (1842–1912)

Sieben Jahre seines Lebens saß er im Gefängnis – immer mal wieder, meist wegen Hochstapelei –, sein Doktortitel war falsch, die meisten Gegenden, in denen seine Romane spielen, hat der kleine Sachse nie gesehen, und alle Helden seiner Romane sind Phantasiefiguren. Es gab Winnetou nicht und nicht Old Shatterhand, auch Kara Ben Nemsi ist nur eine Märchengestalt aus Tausendundeiner Nacht. Alle großen

Abenteuer hat sich Karl May nur ausgedacht. Das tut seinem fabelhaften Erfolg keinen Abbruch, der deutsche Schriftsteller ist mittlerweile in 25 Sprachen übersetzt und die Weltauflage seiner Bücher beträgt rund 60 Millionen Exemplare. Fast hundert Jahre nach seinem Tod gibt es noch einen regen Fanklub, finden alljährlich Karl-May-Festspiele statt, und ein gut besuchtes Karl-May-Museum in Radebeul bei Dresden gibt es natürlich auch. Weil der bettelarme Webersohn trotz zarter Gesundheit (er behauptete, als Kind fünf Jahre lang blind gewesen zu sein) und schwacher Nerven immerhin 70 Jahre alt geworden ist, hat er seinen Welterfolg noch genießen können und als Rentner sogar erstmals den Orient und Amerika besucht. Auf die alten Tage konnte er auch seinem esoterischen Hang zum Superlativ und den Skurrilitäten freien Lauf lassen. Sein letzter Vortrag vor 3000 Zuhörern im März 1912 in Wien – die Friedensnobelpreisträgerin Bertha von Suttner lauschte ihm und wahrscheinlich der damals noch als Postkartenmaler tätige Adolf Hitler – hatte den schönen Titel: »Empor ins Reich der Edelmenschen!«. So überrascht es nicht, dass Karl Mays letzte Worte, als er an seinem Hochzeitstag einem akuten Herzinfarkt erlag, seine lebenslangen Phantastereien fortführten und beendeten:

»Sieg ... großer Sieg! Rosen ... rosenrot ...«

HOLGER MEINS (1941–1974)

stammte aus Hamburg, studierte in Westberlin an der Deutschen Film- und Fernsehakademie, nahm 1968 an der Studentenrevolte teil, wurde im gleichen Jahr relegiert und zog 1969 in die berühmte »Kommune I« (K I), eine sozialistische libertäre Wohngemeinschaft. Im Oktober 1970 schloss sich der hochgewachsene Meins der gerade heimlich gegründeten revolutionären »Roten Armee Fraktion« (RAF) an und ging als bewaffneter und von der Polizei zur Fahndung ausgeschriebener Staatsfeind in den (west-)deutschen Untergrund. Er nahm an zahlreichen RAF-Aktionen teil, galt als verlässlicher Guerillero, war ein enger Vertrauter von Baader, Meinhof und Ensslin, den Führern der sogenannten Baader-Meinhof-Bande. 1972 geriet er, zusammen mit Andreas Baader, nach einem heftigen Schusswechsel mit stärkeren Polizeikräften in Haft. Nach seinem dritten Hungerstreik war der 1,83 Meter große Untersuchungshäftling Holger Meins bis auf 39 Kilo abgemagert. »Ich bin fertig. Es ist aus. Ich sterbe«, flüsterte er seinem Anwalt bei dessen letztem Besuch in der Haftanstalt Wittlich zu. Der Tod war als mögliches Ende des Hungerstreiks von allen Beteiligten einkalkuliert. »Freiheit oder Tod« hieß die interne RAF-Parole. Irrtümlich glaubte Meins, der Anstaltsarzt, der in ein verlängertes Wochenende aufgebrochen war, unterstütze heimlich seinen Märtyrertod. Nach einer Zigarette, die der Anwalt dem kraftlos auf einer Krankentrage liegenden Sterbenden zwischen die Lippen steckte, flüsterte Holger Meins als letzten Satz:

»*Der Arzt ist ein Schatz.*«

JÜRGEN W. MÖLLEMANN (1945–2003)
ist der erste und bisher auch einzige (west-)deutsche Minister, der nach 1945 durch Freitod aus dem Leben schied. Dabei hatte der gelernte Volksschullehrer eine fabelhafte politische Karriere hinter sich. Er war Staats-, Bildungs- und Wirtschaftsminister, zeitweise sogar Vizekanzler. 1972, schon zwei Jahre nach seinem Eintritt in die FDP (vorher war er sieben Jahre erfolglos CDU-Mitglied gewesen), saß er als Abgeordneter im Deutschen Bundestag, als 27-Jähriger. Er sah gut aus, war dynamisch, oft provokant und machtbewusst. Leider trennte er politisches Engagement und den privaten Nebenerwerb nicht strikt. Deshalb geriet er 2003 endgültig in das Visier der Strafverfolger, trat aus seiner FDP aus und musste fürchten, Ehre, Haus und Auto zu verlieren.

Der geübte Fallschirmsportler sprang aus 4250 Meter Höhe in den Tod. Das Flugzeug, eine *Pilatus Porter*, startete in Marl-Loemühle, einem ländlichen Platz in Westfalen. In der Maschine waren zehn Kameraden.

Möllemann trennte sich nach einem regelrechten Sprung in 1600 Meter von seinem Hauptfallschirm. Das automatische Notauslösesystem war so manipuliert, dass der Reservefallschirm sich nicht öffnete. Der Politiker schlug, beide Arme wie ein Gekreuzigter weit ausgebreitet, mit 200 Stundenkilometer auf eine Wiese, ein Sekundentod.

Zuletzt hatten ihn die Sportkameraden gefragt, ob er, wie so oft, auch heute einen Formationsflug mitmachen würde, den »Sechserstern«. Jürgen Möllemann bedauerte:

> *»Ich springe heut einen Einzelstern.«*

~

MOHAMMED (570–632)

Zum Religionsstifter wurde Mohammed Abdul Kassim ibn Abdallah aus Mekka im sandigen Arabien erst in seinem 40. Lebensjahr. Da offenbarte sich ihm Gott Allah in einer Höhle und teilte ihm die ersten Suren (Abschnitte) des Korans (Heiliges Buch) mit. Mohammed – wörtlich: »Der Gepriesene« – erkannte: »Es gibt keinen Gott außer Allah, und Mohammed ist sein Prophet.« So kam, 600 Jahre nach dem jüdischen Heilsbringer Jesus Christus, eine zweite Weltreligion auf die Erde, der mächtige Islam, wörtlich: »Hingabe an Gott«. Es ist ein monotheistischer Glaube, niederlegt in arabischer Reimprosa in 114 Suren, und er räumte zuerst unter Mohammeds Führung in Arabien mit den konfusen Lokalreligionen auf. Das ging nicht ohne Blutvergießen. Mohammed kommandierte die Schwerter, unterwarf vom Exil in Medina her seine Vaterstadt Mekka und hinterließ ein religiös und politisch geeintes Arabien.

Solch glanzvoller Lebensweg war dem früh verwaisten Knaben bei seiner Geburt nicht vorhergesagt worden. Mohammed musste sich drei Jahrzehnte lang als Hirtenknabe, Kameltreiber und umherziehender Karawanen-Kaufmann durchbringen. Seine ersten Anhänger waren Frauen und arme Leute. Später lief auch das Establishment zu Allah und seinem Propheten über. Niemand nahm dem Visionär und Glaubensstifter irdisches Wohlleben übel. Jeder Gläubige wusste (und weiß auch heute), dass nach dem Tod auch auf ihn ein paradiesisches Leben wartet, denn: »Alle irdischen Welten sind nur ein schwacher Wohlgeruch der Rose der Ewigkeit.« Die Frauen aus Mohammeds Harem überließen seiner Lieblingsfrau Aischa den Pflegeplatz am Krankenbett, als der Prophet im Sommer seines 63. Lebensjahres von hohem Fieber und wirren Phantasien heimgesucht wurde. Mohammeds letzte Bitte:

»Allah, steh mir bei in meinem Todeskampf!«

Marilyn Monroe (1926–1962)

Niemals zuvor und niemals danach hat Hollywood eine Göttin wie Marilyn Monroe geboren. Sie war jung, als sie zum Weltstar aufstieg, und jung, als sie starb. Auch deshalb überstrahlt sie noch immer alle anderen Hollywood-Schönheiten, und so wird es auch bleiben. »M. M.« war die sexuelle Verheißung für Männer jeden Alters und in allen Kontinenten. Auf der Suche nach dem Glück gab sich die attraktive Blondine im Film und im Leben der Liebe hin, dem amerikanischen Präsidenten John F. Kennedy ebenso wie vielen Namenlosen.

Ihre berühmtesten Filme: *Blondinen bevorzugt, Das verflixte 7. Jahr, Der Prinz und die Tänzerin, Manche mögen's heiß, Machen wir's in Liebe* – alles Welterfolge. Der grimmige John Huston hat das frühe Ende der Legende so kommentiert: »Nicht Hollywood hat Marilyn umgebracht. Es waren die verdammten Ärzte, die haben es getan. Wenn sie pillensüchtig war, dann haben sie sie dazu gemacht.« Sie missbrauchte Schlaf- und Beruhigungsmittel, oft trank sie zu viel, und jahrelang beschäftigte sie Psychoanalytiker. An ihrem letzten Lebenstag, einem sonnigen Sonntag im August 1962, zog sich ihr Psychiater für viereinhalb Stunden zu einer »therapeutischen Sitzung« mit der Patientin in deren Schlafzimmer zurück. M. M. hatte, wie so oft in letzter Zeit, schlecht geschlafen. Als der Doktor ging, machte die Haushälterin ihr einen Einlauf, ein Klistier mit reichlich Barbituraten. Das waren seiner-

zeit die gängigen und bei Überdosierung höchst ge-
fährlichen Schlafmittel. M. M. lag schon in ihrem Bett,
als das Telefon klingelte. Am Apparat war Peter Lawford, ein Hollywoodianer und der Schwager des US-
Präsidenten. Er wusste von Marilyn Monroes Medi-
kamentenabhängigkeit. Lawford erinnerte sich später,
was die Diva als letzte Worte tonlos und sehr langsam
flüsterte:

*»Say goodbye to Pat, say goodbye to the president, and
say goodbye to yourself, because you're a nice guy.«*

Lawford bekam es mit der Angst zu tun. Wütend fragte
er, was denn los sei. Marilyn Monroe wusste es nicht
so genau:

»I'll see, I'll see.« –
Mal sehen.

Drei Stunden später war sie für immer eingeschlafen.

MARIA MONTESSORI (1870–1952)
Auf ihrem Grabstein im holländischen Nordwijk ist
eingemeißelt, was die temperamentvolle Italienerin das
ganze Leben lang umtrieb: »Ich bitte die lieben Kin-

der, die alles können, mit mir zusammen für den Aufbau des Friedens zwischen den Menschen und der Welt zu arbeiten.« Dafür sehen die Chancen derzeit ganz gut aus: Zumindest in Deutschland hat das pädagogische Konzept der Ärztin und Kosmopolitin seit Anfang des neuen Jahrhunderts Unterstützung und Zulauf in allen Regionen und aus allen sozialen Schichten. Montessori ist »in«. Dass es so kommen werde, hat die Schulreformerin stets vorausgesagt, denn sie war eine kampfstarke, selbstbewusste Optimistin. Maria Montessori war die erste italienische Ärztin (1896), ihren (unehelichen) Sohn Mario zog sie allein groß und hielt ihn bis zum Tod an ihrer Seite, sie tanzte auf so vielen Hochzeiten – Frauenemanzipation, Sozialreform, Anthropologie, Pädagogik, Philosophie –, dass anderen davon ganz schwindlig geworden wäre, ihr nicht. Ursprünglich wollte sie als Assistenzärztin einer psychiatrischen Klinik nur schwachsinnige Kinder fördern. Nach einigen Jahren erkannte sie, dass die Methode, mit eigens vorbereiteten Arbeits- und Übungsmaterialien die konzentrierte Aufmerksamkeit zu wecken und dabei die Selbstentfaltung zu fördern, bei allen Kindern funktioniert: »Die menschliche Personalität muss in den Blick genommen werden und nicht die Erziehungsmethode!« Mittlerweile hat Montessori in allen Kontinenten engagierte Anhänger, obwohl die Eltern für den Besuch einer solchen Schule zahlen müssen. Die charismatische Reformpädagogin lebte und lehrte in vielen Ländern, in Spanien, Indien,

Ceylon und Holland. Dass sie an der Nordseeküste starb, ist reiner Zufall. Als nächstes Ziel hatte sie eigentlich Afrika in den Blick genommen, die britische Kolonie Ghana. »Vielleicht gehe ich eines Tages hin und lasse dich hier«, drohte die 81-Jährige ihrem 53-jährigen Sohn. Und dann energischer:

> *»Wenn irgendwelche Kinder Hilfe brauchen,*
> *dann diese armen Afrikaner.*
> *Selbstverständlich müssen wir hingehen.«*

Dazu kam es nicht. Fünf Minuten später war sie friedlich und für immer eingeschlafen.

LOLA MONTEZ (1818–1861)

Der Tanz, mit dem sie den Männern den Kopf verdrehte, war ihre eigene Kreation, er hieß »Tarantula«. Man darf ihn sich als eine laszive Mixtur aus spanischem Flamenco, Tarantella und Striptease vorstellen. Jedenfalls verlor die fesche Lola dabei auf der Bühne stets etliche Kostümteile; am Ende bestand kein Zweifel am schönen Leib und an der laxen Moral der temperamentvollen Tänzerin. König Ludwig I. von Bayern hatte im Oktober 1846 der Señora Maria de la Dolores Porris y Montez höchstselbst gestattet, am

Münchner Königlichen Hoftheater aufzutreten. Seine Majestät waren 60 Jahre alt, schwerhörig und zahnlos, er stotterte, hatte aber ein gutes Herz. Jedenfalls entflammte den alten Mann »eine Leidenschaft wie nie zuvor, fiebrig heiß wallte mein Blut, in des Himmels Höhen hob es mich«.

Er schenkte der fremden Dame umgehend ein Haus und verlieh ihr 1847 – gegen den Protest der Stadt München, seiner eigenen Regierung und des katholischen Klerus – die bayerische Staatsangehörigkeit. An seinem Geburtstag adelte er die Künstlerin zur Gräfin Lengsfeld. In Wirklichkeit hieß die exzentrische Kurtisane Elisa Rosanna Gilbert, war das uneheliche Kind einer Kreolin und eines britischen Offiziers, in Irland geboren, in Indien aufgewachsen und tingelte seit ihrem 20. Lebensjahr durch Westeuropa. Gebrochene Herzen und Duelle säumten ihren Weg. In München, der Hauptstadt des fast tausendjährigen Reiches der Wittelsbacher, überspannte sie den Bogen: Sie brachte Anfang 1848 König Ludwig um seinen Thron. Aufgebrachte Bayern zwangen den Monarchen zum Rücktritt und Lola in die Flucht. Die beiden haben sich nie wiedergesehen.

Mit ihrem Evergreen *Tarantula* ging Lola erneut auf Tour, diesmal bis Australien. Zehn Jahre lang war sie die First Lady des zweideutigen Klatsches in Europa und in den USA. Sie heiratete viermal, zuletzt einen Deutschen. Die Ehen hielten nicht lange. Um Lola wurde es einsam. Die großzügige Verschwenderin hatte bald auch finanzielle Sorgen. Sie zog 1860 nach New York, wo sie, mit 42 Jahren, ein Schlaganfall traf. Ihr letztes Wort nach einem unruhigen Leben:

»Ich bin so müde.«

MUTTER TERESA (1910–1997)

Als gar nichts mehr gegen die schrecklichen Schmerzen in Brust und Rücken half, bat die Nonne im Jahr ihres Todes um eine Teufelsaustreibung. Der Erzbischof von Kalkutta erlaubte den Exorzismus und beauftragte den erfahrenen Priester Rosario Stroscio mit der Beschwörung der bösen Geister: »Fahr aus, du unreiner Geist, und gib Raum dem Heiligen Geist!« Auf Lärmen und Tanzen, zwei sonst übliche und bewährte Methoden der Teufelsaustreibung, wurde angesichts des hohen Altes der Ordensgründerin verzichtet. Die anderen magischen und kultischen Handlungen (einhauchen, aushauchen, waschen, salben) erwiesen sich im Kloster der »Missionarinnen der Nächstenliebe« im drückend heißen Kalkutta jedoch als segensreich. Mutter Teresa ging es nach dem Exorzismus deutlich besser. Zu ihrer Lieblingstätigkeit, dem Reisen, fand sie jedoch nicht zurück. Dabei gab es, wie die 2003 seliggesprochene Katholikin zu Recht fand, noch so viel zu tun und zu inspizieren: Immerhin unterhält der von ihr gegründete Orden Niederlassungen in 122 Ländern. Er vereint mehr als 3600 Nonnen und Patres und ist somit die erfolgreichste Neugründung der Kirche im vergangenen Jahrhundert. »Was ist es? Was will Jesus von mir?«, fragte Agnes Gonxha Bojaxhin (so ihr bürgerlicher Name, den man ihr 1910 im osmanischen Skopje gegeben hatte) am Morgen ihres Todes ratlos die Mitschwestern. Sie standen weinend um ihr Krankenbett und beteten. Atemnot und Herzschmerzen, die Desorientiertheit und das Fieber würden sich wieder bessern, hofften sie. Das war bei der Chefin schon oft und entgegen aller medizinischen Erfahrung geschehen. Mutter Teresa und ihre Schwestern haben im Slum von Kalkutta jahrzehntelang (und tun es immer noch) ein Sterbehospital unterhalten und wissen, wann ein Leben erlischt.

Am Abend brach, wie in der indischen Metropole üblich, die Stromversorgung zusammen. Im Sterbezimmer brannten nur noch die Kerzen. Mutter Teresa flüsterte:

»Jesus, ich liebe Dich«,

und hörte auf zu atmen.

~

CHRISTIAN MORGENSTERN (1871–1914)

Seine grotesk-ironischen Gedichte (*Galgenlieder,* *Palmström, Paula Kunkel, Gingganz*) haben die Zeit überdauert. Hingegen sind seine bitterernsten Reime und Aphorismen fast ohne Leser und Leben geblieben. Der Münchner Künstler entstammte einer angesehenen Familie von Malern und Literaten, denen die kessen Verse des Nachkommen nicht recht gefielen. Kleine Probe aus einem Galgenlied, eine ewig gültige Architekturkritik: »Ein Anblick gräßlich und gemein, / drum zog ihn der Senat auch ein. / Der Architekt jedoch entfloh / nach Afri- od. Ameriko.«

Schon als 22-Jähriger erkrankte er wie so viele Hochbegabte an Lungentuberkulose, die ihn auf eine erfolglose Odyssee durch Kurorte und Sanatorien trieb.

Er wurde Vegetarier, verehrte Friedrich Nietzsche und den Anthroposophie-Erfinder Rudolf Steiner, glaubte am Ende an die Wiedergeburt – in seinem Fall wäre das erfreulich, denn er war ein herzensguter Mensch. Ante finem siegte sein skurriler Humor. Gequält von der Krankheit erkannte er im letzten Wort:

»*Der Husten ist vierdimensional.*«

Jim Morrison (1943–1971)

Der Sänger aus Amerika, Frontmann der »Doors«, liegt auf dem schönsten Friedhof von Paris begraben, in illustrer Gesellschaft. Noch immer wachen an seinem Grab die Fans, lassen die Kerzen seit Jahrzehnten niemals ausgehen, legen Gedichte und Devotionalien nieder. Der Cimetière du Père-Lachaise, so benannt nach dem Beichtvater des französischen Sonnenkönigs Ludwig XIV., ist zum Wallfahrtsort geworden und zum Platz, wo die Rätsel des frühen Todes dieses Götterlieblings hin und her bedacht werden, ohne Ergebnis und ohne Ende. Denn viele Fans, die sein Grab besuchen, glauben gar nicht, dass Jim Morrison in der geweihten Erde ruht. Der Künstler sei in Wahrheit nur untergetaucht und führe anderswo ein völlig neues Leben. Diese Mutmaßung teilt sich in zwei Varianten: Entweder halte die CIA den aufsässigen Bandleader unter Verschluss, damit er die amerikanische Jugend nicht verderbe, oder Außerirdische hätten ihn entführt, damit er sie mit seiner Kunst erfreue. Solche Geschichten hätten die französischen Dichter Honoré de Balzac, Jean-Baptiste Molière und Marcel Proust mächtig gefreut; sie liegen alle nur einen Steinwurf entfernt und sind wirklich tot. So tot wie Jim Morrison, den Pariser Feuerwehrmänner am 3. Juli 1971 leblos aus seiner Badewanne hoben. Der 27-Jährige war drogenkrank, er nahm reichlich Heroin und Kokain und trank seit Jahren unmäßig. Wegen »Trunksucht in der Öffentlichkeit«, auch wegen »unsittlicher Entblößung« und »Gotteslästerung«, sogar wegen »Gefährdung des Flugverkehrs« war er in den USA verfolgt worden. Seine Songs und Goldenen Schallplatten wurden dem hochtalentierten Künstler zunehmend gleichgültig. Begleitet von seiner ebenfalls drogensüchtigen Partnerin, wollte er als Dichter im liberalen Paris ein neues Leben beginnen. Beide sprachen kein Wort Französisch, das neue Leben blieb das alte. Am Ende war der Rock 'n' Roll-Star Jim Morrison es leid:

»Ich habe das Ganze satt. Ich ertrage das einfach nicht mehr. Was glauben die Leute eigentlich, wer Jim Morrison ist?«

Darüber rätseln seine Fans noch immer.

WOLFGANG AMADEUS MOZART (1756–1791) komponierte als Fünfjähriger sein erstes Menuett und arbeitete am Tag vor seinem Tod, schon moribund, an einem Requiem, das unvollendet blieb. Wie viele Meisterwerke hätte der große Tonsetzer, Pianist und Kapellmeister außer den überlieferten Klavierkonzerten, Kammer- und Kirchenmusiken, Sinfonien und den berühmten Opern (*Die Entführung aus dem Serail, Don Giovanni, Così fan tutte*, zuletzt *Die Zau-*

berflöte) der Nachwelt geschenkt, wenn er nicht so jung gestorben wäre? Über die Todesursache ist viel spekuliert worden, seine beiden seriösen und kompetenten Ärzte haben jedoch keine Aufzeichnungen hinterlassen. Die Witwe Constanze, die ihren temperamentvollen Mann um fast fünf Jahrzehnte überlebte, hat die Geschichte ihrer Ehe vielfach geglättet und Verschwörungstheorien die Tür geöffnet. Am beliebtesten ist seit zwei Jahrhunderten die Gruselgeschichte, der Salzburger Musikus sei von einem neidischen Konkurrenten, dem italienischen Hofkapellmeister Antonio Salieri, mit Quecksilber vergiftet worden. Salieri, der erst auf seine ganz alten Tage den Verstand verlor, wies das Gerücht immer als intrigante Wiener »Bosheit« zurück. Vom Quecksilber als heimtückischer Substanz raunt auch die Geschichte, der Frauenfreund habe sich im letzten Sommer eine Syphilis zugezogen, die überdosiert mit dem giftigen Metall behandelt worden sei. Eine dritte Theorie behauptet, der Leidende sei durch viel zu häufige Aderlässe zu Tode gebracht worden. Die Wahrheit, soweit sie sich noch rekonstruieren lässt, ist, dass Mozart an einer Harnvergiftung infolge Nierenversagens gestorben ist. Diese bedrohliche Situation entwickelt sich, wenn langwierige Nierenentzündungen in ihr finales Stadium übergehen. Mozarts Vorgeschichte und die Symptome – Wassereinlagerungen, Muskelschwäche, Depressionen – sprechen dafür, auch das Erbrechen, das ihn am Ende quälte. Die Arbeit an der Totenmesse, dem Requiem, setzte er trotzdem fort. Es war nur ein Auftragswerk, doch Mozart gestand seiner Frau:

»Ich schreibe es auch für mich selbst.«

Die finanzielle Versorgung von Frau und Kindern regelte sein letzter Arbeitgeber, der Wiener Kaiser Leopold II., nicht sehr großzügig, aber immerhin. Als Todesursache wurde »hitziges Frieselfieber« notiert. Die Beerdigung war kein Armenbegräbnis, sondern eines der dritten Klasse, für 11 Gulden und 56 Kreuzer. Wahr ist, dass Mozart auf dem Friedhof St. Marx nur vom Totengräber ohne Trauergäste bestattet wurde, in einem »Schachtgrab«, in dem jeweils 16 Särge in vier Lagen übereinandergestapelt wurden. Die genaue Lage der letzten Ruhestätte ist unbekannt.

EDVARD MUNCH (1863–1944)

Die Herrschenden in Deutschland, vom Kaiser bis zum Nazi, fanden den großen norwegischen Expressionisten geschmacklos, morbide und widerlich, »entartet«. Er dagegen, der hagere Sonderling aus dem hohen Norden, lernte die deutsche Sprache und Berlin lieben und unterstützte im Ersten Weltkrieg und danach notleidende deutsche Künstler. Mit den jeweils Herrschenden hatte er hier wie dort nichts im Sinn, denn er malte meist das Abgründige, den Albtraum – *Der Schrei*, die Angst – *Gebet des alten Mannes*, den Tod – *Die letzte Stunde*. Staatstreue Menschen mochten Munch nicht leiden. Er beugte sich nie. Auch der Tuberkulose und den Depressionen hielt er lebenslang stand. Als echter Norweger trennte sich der Künstler niemals von irgendeiner seiner Grundüberzeugungen – und am liebsten auch nicht von seinen Bildern, Radierungen, Holzschnitten und Plastiken. 1940 überfiel die Deutsche Wehrmacht seine Heimat. Munch hielt in seinem Vaterland aus. »Es ist nicht spaßig, alt zu werden, zu sterben ist auch nicht spaßig.«

Die Explosion eines Sprengstoffdepots im Osloer Hafen zerstörte Weihnachten 1943 die Fensterscheiben seines Alterssitzes in Ekely. Der 80-Jährige musste in den Keller ziehen. Im Januar 1944 versagte seine Lunge. Munchs letzte Bilanz: »Wir sterben nicht – die Welt stirbt uns weg.«

Weil der große Mann nicht nur das Grauen und die dunklen Farben kannte, sondern auch das Helle und die Zuversicht – wie anders wäre er sonst 80 Jahre alt geworden? –, tröstete er sich und die Nachlebenden in seinem letzten Brief:

»Aus meinem verwesten Körper werden Blumen emporwachsen, und ich werde in Blumen sein.«

BENITO MUSSOLINI (1883–1945) UND
CLARETTA PETACCI (1912–1945)

Mussolini, Erfinder und Führer (»Duce«) des italienischen Faschismus, hielt sich nach einem »Marsch auf
Rom« von 1922 bis 1943 an der Macht. Auch Sturz
und Ende des Diktators zogen sich, vergleicht man
sein Schicksal mit dem anderer Despoten, lange hin.
Erst Ende April 1945 geriet der beleibte, rhetorisch
hochbegabte Politiker kurz vor seinem Fluchtziel, der
Schweizer Grenze, in die Hände italienischer Parti-
sanen. Eine kampfbereite deutsche SS-Einheit hatte
ihren verkleideten Schützling ausgeliefert, um die
eigene Haut zu retten. Mussolini entsetzt und auf
Deutsch: »So, ohne Kampf?« Ja, ohne Kampf. Nur
seine Geliebte Claretta Petacci, 33, eine ebenso attraktive wie temperamentvolle Römerin, blieb bei ihm.
Nach einer langen Nacht, gefangen in einem Einöd-
bauernhof, holte der Partisanenführer und Kommunist Walter Audisio (Tarnname »Valerio«) das Paar
ab, fuhr mit ihnen in das benachbarte Dorf Giulino
di Mezzegra und stellte sie dort an die Wand, eine
Gartenmauer. »So könnt ihr uns nicht töten! Das geht
doch nicht!«, schreit Frau Petacci. »Geh aus dem Weg,
sonst wirst du zuerst erschossen«, drohte der Henker.
Seine Maschinenpistole klemmte. Ein Kamerad reichte
ihm seine Waffe, eine französische MP Modell D-Mas
mit langem Lauf, an der eine kleine Trikolore wehte.
Mussolini öffnete seine grau-grüne Jacke. Claretta
Petacci griff nach dem Lauf der Waffe und richtete sie

auf sich selbst. Der erste Schuss traf sie mitten ins Herz. Sie fiel dem Henker vor die Füße. Nun verlor »Valerio« die Nerven und zog einfach durch, Dauerfeuer auf Mussolini. Neun Schüsse trafen den »Duce« in die Aorta, die Hüfte, einen Halswirbel, die Luftröhre und den rechten Arm. Dabei hatte er im letzten Wort befohlen:

»*Schieß mir in die Brust.*«

NAPOLEON I. (1769–1821)

Der Kaiser der Franzosen, als »Weltgeist zu Pferde« (Hegel) bis 1812 der mächtigste Mann der Welt, konnte die Ärzte nicht leiden. »Die Medizin ist eine Anhäufung von ganz unsicheren Vorschriften«, erkannte er am Lebensende als Verbannter auf der unwirtlichen britischen Atlantikinsel St. Helena, »deren Wirkung im Allgemeinen mehr schadet als nützt.« Seinem französischen Leibarzt Francesco Antommarchi, Korse wie er, jung und schlecht ausgebildet, suchte er vergeblich Salmiak, Schwefel und die schmerzhaften Blasenpflaster zu entwinden. Der englische Militärchirurg Archibald Arnott eskalierte die Therapie des Leberleidens seines prominenten Gefangenen zusätzlich durch Chinarinde, Brechmittel und Klistiere. »Ich sterbe vor der Zeit«, flüsterte der 51-jährige Exkaiser kraftlos wenige Tage vor seinem Tod, »ermordet von der englischen Oligarchie und ihrem gedungenen Mörder.« Den britischen Inselgouverneur Sir Hudson Lowe hielt er für seinen »Henker«. Zumindest hat der ihn nicht, wie seit fast zwei Jahrhunderten behauptet, mit dem geruch- und geschmacklosen Arsen vergiften lassen. Der große Franzose (genau genommen maß er 1,68 Meter) starb vielmehr an einer tropischen Infektionskrankheit, der Amöbenruhr, von der damals die Heilkunst nichts wusste. Abgemagert und quittegelb war der Moribunde umgeben von seinem kleinen Hofstaat, den englischen Aufpassern und konkurrierenden Ärzten, als er am 5. Mai 1821 fern von Frankreich in ein Delirium fiel. Er starb im Bett, den »Strohtod«, den er immer so verachtet hatte. Seine letzten Worte galten den mächtigen Ideen seines Lebens:

»... France ... Armée ... Tête d'armée ... Josephine.«

HORATIO NELSON (1758–1805)
Am Morgen des 21. Oktober 1805 legte Admiral Nelson – Englands Liebling und Nationalheld – seine prächtige goldglitzernde Uniform mit allen Orden an. Dann begab er sich auf die Brücke seines Flaggschiffs,

der *H.M.S. Victory*, eines furchteinflößenden Dreimasters mit 108 Kanonen und 800 Mann an Bord. Die größte – und letzte – Schlacht seines Lebens stand bevor. Nelson kommandierte 27 Schiffe, fast 10 000 kampferprobte Mariner, und er wusste, worum es vor Trafalgar an der Südküste Spaniens ging: um die britische Vorherrschaft zur See für das ganze kommende Jahrhundert.

Seine Feinde waren die Franzosen und Spanier, diesmal eine Flotte von 33 Linienschiffen. Mit Napoleons Seestreitkräften schlug Nelson sich seit vielen Jahren. Als 34-jähriger Kapitän hatte er dabei ein Auge verloren, als 39-jähriger Konteradmiral den rechten Arm. Vor Abukir erlitt er im Jahr darauf einen Kopfstreifschuss. Seinem Kampfeswillen tat das keinen Abbruch. Nelson war nicht umsonst schon zu Lebzeiten ein Mythos.

Auch deshalb zielten die französischen Musketiere hoch oben auf dem Besanmast der *Redoutable* (die »Furchteinflößende«) auf den Lord. Zu Nelsons Zeiten fuhren feindliche Kriegsschiffe so nah wie möglich aneinander heran. Nelsons *H.M.S. Victory* attackierte als Erste. Man sah das Weiße im Auge des Feindes. Der Schuss des namenlosen französischen Scharfschützen (er fiel wenig später) traf das linke Schulterstück des britischen Admirals, riss Gold und Stoff mit sich, durchschlug zwei Rippen, die Lunge, eine Lungenarterie und blieb zwischen dem sechsten und siebten Brustwirbelkörper stecken. Nelson sank ganz langsam auf die Planken das Achterdecks. Er blieb bei Bewusstsein. Kapitän Thomas Masterman Hardy beugte sich über ihn. »Hardy, sie haben mir den Rest gegeben.« Der Kapitän der *Victory* widersprach. Schließlich kannte er das zähe Naturell seines Admirals. Der hatte – in Zeiten, als es weder Narkose noch Antisepsis gab – die Ausschälung des Augapfels und die Amputation seines rechten Arms überlebt. »Sie haben mir das Rückgrat durchschossen.« Zwei Matrosen trugen den Schwerstverletzten nach unten, in die Koje eines Seekadetten. Nelson breitete sein Taschentuch über Gesicht und Orden, um nicht erkannt zu werden. Die Nachricht von seiner Verwundung könnte die Kampfmoral schwächen. Außerdem wollte er, solange noch Leben in ihm war, das Kommando nicht abgeben. Der Pfarrer und der Schiffsarzt blieben bei ihm. Auch Hardy kam von der Brücke.

»Wie steht die Schlacht?« – »Sehr gut, Mylord. Fünfzehn Gegner sind gekapert oder versenkt. Der französische Admiral hat die Flagge gestrichen.« – »Keines von unseren Schiffen hat die Flagge gestrichen?« – »Nein, Mylord, das ist nicht zu befürchten. Unser Admiral Collingwood wird jetzt die Leitung der Schlacht übernehmen.« – »Nicht, solange ich lebe, Hardy!«

Was der Admiral in den vier letzten Stunden seines kriegerischen Lebens erlitten und was er noch gesagt hat, ist wenig später von den Augenzeugen sorgfältig aufgezeichnet worden. Er bat, man solle sich nach seinem Tod um seine Geliebte Lady Hamilton und ihre gemeinsame Tochter kümmern. »Lady Hamilton hinterlasse ich meinem Land als Vermächtnis.« Diesen Wunsch hat Großbritannien seinem Helden nicht erfüllt. Die Lady niederer Herkunft blieb unversorgt und starb in Armut.

»Man würde auch gern ein bisschen länger leben«, vertraute der 47-Jährige in seiner letzten Stunde dem Pfarrer an. Und außerdem: »Ein großer Sünder bin ich nicht gewesen.«

Der Kapitän kam noch einmal nach unten, um sich von seinem Admiral zu verabschieden. Der bekam kaum noch Luft, litt starke Schmerzen und war vom Becken abwärts gelähmt. Hardy, ein groß gewachsener Westengländer, beugte sich über den eher klein gewachsenen Lord Nelson. Der gab ihm seine letzten drei Befehle:

»Ankern, Hardy, ankern!« Denn Nelson fürchtete, dass Sturm aufkommt. »Werft mich nicht über Bord, Hardy!« – »Oh nein, Mylord ganz gewiss nicht.« Und schließlich:

»Küsst mich, Hardy.«

Der Kapitän beugte sich über den Admiral und küsste ihn leicht auf Wange und Stirn. So nahm man seinerzeit von sterbenden Kriegern Abschied. Das hatte keinen Beigeschmack von Männerliebe, es war Ausdruck der Melancholie und Trauer. Nelson bekam – bis dahin konserviert in einem Branntweinfass – im Januar 1806 in London ein grandioses Staatsbegräbnis.

~

FRIEDRICH NIETZSCHE (1844–1900)

Der »Übermensch«, den sich der Philosoph Nietzsche ausdachte, ist eine Hochzüchtung des »Herrenmenschen«. Er ist stark, moralisch ungebunden, handelt erkenntnisfrei, hilft sich selbst, statt auf irgendeinen Gott zu vertrauen, und wird durch den »Willen zur Macht« geleitet. Er kann und muss herangezüchtet werden, sonst geht die ganze Menschheit zugrunde. Der Pfarrerssohn Friedrich Nietzsche war indes das genaue Gegenteil eines Herrenmenschen: ein lediger Beamter, der schon mit 35 Jahren wegen starker Kopfschmerzen und zunehmender Sehschwäche in den Ruhestand versetzt werden musste. Das wurde eher ein Unruhestand. Auf der Suche nach einem günstigen Klima rotierte der Sachse durch mehr als ein Dutzend Orte in der Schweiz und Italien. Dabei schrieb er unablässig – Briefe, Aphorismen, Bücher. Die bekanntesten: *Der Wille zur Macht* und *Unzeitgemäße Betrachtungen*. Sie fanden schon zu Lebzeiten als neuartige Existenzphilosophie ein lebhaftes Echo.

Doch Nietzsche bekam davon wenig mit. Er hatte sich, schon 1866 als junger Student, mit der Geschlechtskrankheit Syphilis infiziert und litt drei Jahrzehnte an »Progressiver Paralyse«, volkstümlich »Gehirnerweichung« genannt. Bei dem sprachlich und musisch hochbegabten Universitätsprofessor – das wurde er schon mit 25 Jahren in Basel – nahm die Paralyse einen »expansiv-manischen Verlauf«; Hauptsymptom: Größenwahn. Irgendeine wirksame Therapie gab es seinerzeit nicht. Nach einem schleichenden Beginn verschlechterte sich Nietzsches Krankheit zur Jahreswende 1888/89 dramatisch. Der Philosoph verfiel in Turin endgültig dem Wahnsinn. Auf der Piazza Alberto umarmte er weinend einen misshandelten Droschkengaul: »Du bist mein bester Freund. Was tun sie dir an?« Er beschloss, die Weltregierung zu übernehmen, den Kaiser Wilhelm I. füsilieren zu lassen, auch alle Antisemiten. Seine Briefe unterschrieb er mit »Caesar«, »Dionysos« oder »Der Gekreuzigte«. Aus dem Wahn fand er nicht wieder heraus. Umnachtet lebte er die letzten Jahre in der Obhut seiner Schwester Elisabeth in Weimar. Diese war eine extrem ehrgeizige, geltungssüchtige Person. Nach ihrem Zeugnis – nur nach ihrem Zeugnis – hat der Bruder Friedrich in seiner letzten Nacht noch ein Wort geflüstert:

»Elisabeth.«

Johann Nepomuk Ritter
von Nussbaum (1829–1890)

In Süddeutschland, zumal in München, der aufblühenden Hauptstadt des Königreichs Bayern, gab es seinerzeit keinen Operateur, der es an Entschlossenheit, Schnelligkeit und Beliebtheit mit dem Chirurgen Nußbaum aufnehmen konnte. Der geborene Münchner scheute vor keinem Eingriff zurück; er operierte Augen, Eierstöcke, Klumpfüße, amputierte Arme und Beine, dehnte Nerven, kurierte Kinder, Soldaten und Greise gleichermaßen. Nachweislich hat er in 35 Jahren mehr als 60 000 Operationen ausgeführt, oft erfolgreich, nach heutigen Maßstäben eine unvorstellbar große Zahl. Anfangs ging er ohne jede Narkose (sie war noch nicht erfunden) zu Werke, später tropfte er Chloroform. Grundsätzlich trug er bei der Arbeit einen Frack, Handschuhe und eine lange Gummischürze. Die bayerischen Könige verliehen ihm nacheinander den Professorentitel, ernannten ihn zum Ritter, Geheimen Rat und zum Generalarzt. Tag und Nacht war der ledig gebliebene Arzt mit seinem Zweispänner in München unterwegs, jeder kannte ihn, da er Arme und Reiche ohne Ansehen der Person verarztete. Die letzten zwanzig Jahre seines Lebens war er Morphinist, sein persönlicher Opiatverbrauch nahm bedenklich zu, wurde aber seinerzeit bei niemandem von Staats wegen verfolgt. Seine Aktivität scheint unter der Sucht keineswegs gelitten zu haben. Einmal stolperte er auf dem Weg zu einer Operation und brach sich den Oberschenkel. Die krebskranke Frau operierte er trotzdem, auf einem Bein stehend. Als der große Arzt zum Lebensende bettlägerig wurde, weil er an multiplen Organschwächen litt, bat er nachts um halb zwei um eine Tasse Kaffee mit Cognac. Seine letzte Diagnose:

> *»Jetzt bin ich ein gemachter Mann,*
> *es geht wieder ganz gut.«*

Dann fiel er in Agonie und starb. Seinem Sarg folgten 20 000 Münchner, jeder sechste Bewohner der Stadt.

ANNA PAWLOWA (1881–1931)

Sie war die Königin des Bühnentanzes, »Prima Ballerina Assoluta«, eine Legende schon zu Lebzeiten. Unübertroffen in ihrer Grazie, als »Sterbender Schwan« noch immer ein Mythos. Sie hatte zweimal ganz großes Pech im Leben. Als ihr Stern in Petersburg am Balletthimmel aufging, liebte der russische Zar gerade eine andere Künstlerin, auch sie eine Ballerina. So verlor Anna Pawlowa die liebevolle Bindung an ihr Land, schon 1909 wurde sie der Star des Pariser »Ballets Russes« und blieb im Ausland bis zu ihrem Tod. Der traf sie viel zu früh – denn Ballerinen werden gewöhnlich uralt –, mit nur 49 Jahren auf ihrer Abschiedstournee. Sie starb im Hotel »Des Indes« im holländischen Den Haag an einer banalen Grippe, die ihre Lunge innerhalb von Stunden außer Funktion setzte.

Gewöhnt, eisern Disziplin zu halten und Schmerzen zu ignorieren, entschlossen also, am Abend ihres Todestages wie immer auf der Bühne zu stehen, bat sie ihre Begleitung als Letztes:

»Legt mir mein Schwanenkostüm zurecht!«

Zar Peter der Grosse (1672–1725)

Dieser Russe fürchtete sich vor gar nichts, er scheute weder Tod noch Teufel. Peter war groß, stark und roh. Sein Durst war gewaltig (selbst nach russischen Maßstäben), die rauschhaften Exzesse ohne jedes Maß. Den Beinamen »der Große« trägt er jedoch aus anderen Gründen – und zu Recht: Peter verwandelte den lethargisch vor sich hin dümpelnden Slawenstaat in ein machtvolles Reich und legte die Grundlagen für den Aufstieg der Russen zur weltweit agierenden Supermacht. Damit fing er früh an: Mit 17 Jahren putschte er gegen seine Halbschwester Sophia, die sein Vormund und zugleich die Regentin war. Sophia, die sich kess »Selbstherrscherin« genannt hatte, verschwand für immer im Kloster. Dann ging er dem alten Adel ans Leder, disziplinierte die Leibgarde des Kreml, die stets putschbereiten »Strelitzen«, durch Hinrichtungen und Verbannung, trieb den Beamten die Korruption aus und den Mönchen die Faulheit. Jedenfalls versuchte er beides. Er schaffte die altrussische Zeitrechnung (Neujahr lag im Herbst) ab, erfand ein paar neue Steuern und verschärfte die Leibeigenschaft. Die zottlige Haar- und Barttracht wurde verboten. Seine neuen Russen führte er in verschiedene Kriege, an deren Ende das erwachte Zarenreich die Ostsee und das Schwarze Meer beherrschte und sich nach allen vier Himmelsrichtungen expansiv ausgedehnt hatte. Peter liebte das Meer und den Schiffbau, weshalb er Russland eine neue Hauptstadt am Wasser baute: Petersburg. In Holland absolvierte er ein Praktikum als Zimmermann. Im Felde schlug sich der Haudegen gern in der ersten Reihe. Er sprang auch als Erster Ende November 1724 in das eiskalte hüfthohe Wasser vor Kronstadt, als ein Boot mit Soldaten strandete und zu kentern drohte. Diese Rettungstat des 52-Jährigen war der Anfang vom Ende. Peters ohnehin vergrößerte Prostata, dazu Harnblase und Niere entzündeten sich eitrig, er fieberte und brüllte stundenlang vor Schmerzen. Irgendeine hilfreiche Therapie gab es nicht. Nach acht Wochen näherte sich das Martyrium des großen Zaren seinem Ende. Dreimal erhielt er die Sterbesakramente, zuletzt sagte er:

»Ich hoffe, Gott wird mir meine Sünden vergeben ...«,

und hatte auch noch für den allerhöchsten Richter eine passable Begründung parat:

»… wegen des Guten, das ich für mein Volk zu tun bemüht war.«

PLATON (427–347 v. Chr.),

einer der großen Drei der altgriechischen Philosophen, begab sich nach der Hinrichtung seines Kollegen Sokrates auf weite Reisen. Erst 15 Jahre nach dem Tod seines Lehrers eröffnete der Mann aus altem Adel, der sich vom Meeresgott Poseidon herleitete, in Athen eine Akademie. Über dem Portal prangte die Inschrift: »Kein der Geometrie Unkundiger darf hier eintreten«, denn Platons Hobbys waren Mathematik und Astronomie. Grundsätzlich war er Idealist, hielt die Ideen des Schönen und Guten in hohen Ehren, glaubte an die Unsterblichkeit der Seele und daran, dass »der Mensch durch Erziehung erst wahrhaft Mensch wird«. Seine Staatsidee kulminiert in der Erkenntnis, dass der Philosoph der Beherrscher des Staates sein soll – auch deshalb werden Platons Lehren seit über 2000 Jahren nimmermüde von allen Philosophieprofessoren weltweit in Umlauf gehalten. Zum Stadtregiment seines Heimatortes wahrte der Philosoph nach dem gewaltsamen Ende des Sokrates vorsichtig Distanz. Der Lohn: Er wurde achtzig Jahre alt und starb friedlich nach einem Hochzeitsschmaus. Ganz gelassen hatte er vorher bekannt:

> *»Niemand weiß, was der Tod ist, nicht einmal,*
> *ob er nicht für den Menschen das Größte ist*
> *unter allen Gütern.*
> *Sie fürchten ihn aber, als wüssten sie gewiss,*
> *dass er das größte Übel ist.«*

~

MARQUISE DE POMPADOUR (1721–1764)

Die berühmte Mätresse des französischen Königs Ludwig XV. war eine schöne und charmante Pariserin. Sie konnte singen und tanzen, unterhaltsam parlieren und hochgestellten Männern verdrehte sie mühelos den Kopf. Zielperson der jungen Dame war Seine Majestät höchstselbst, ein eher schüchterner, melancholischer Bourbone, Urenkel des »Sonnenkönigs« Ludwig XIV. Man hatte ihn als Fünfjährigen auf Frankreichs Thron gesetzt, als 15-Jährigen mit einer polnischen Königstochter zwangsverheiratet und sich dann gewundert, dass der absolute Monarch sich liebevoll auch anderen attraktiven Damen seines Reiches zuwandte, die Staatsgeschäfte aber schleifen ließ. In seinem 29. Amtsjahr fiel der suchende Blick des Herrschers auf Jeanne-

Antoinette Poisson, bürgerlich, unehelich, Mutter zweier Kinder, 23 Jahre alt, ein erotischer Stern am Himmel von Versailles.

Es wurde eine glückliche Liaison. Der König adelte seine Gespielin sofort zur Marquise de Pompadour, verlieh ihr den begehrten Titel »Maitresse en titre« und staunte über den verschwenderischen Griff der Geliebten in die Staatskasse und über ihre Bauwut. Noch heute wohnt der jeweilige französische Präsident im Pariser Élysée-Palast, den Madame errichten ließ. Das Volk mochte die aufstiegsorientierte Karrieristin nicht leiden. Man rechnete ihr alle Korruption und die politischen Fehler ihres Geliebten an, nicht immer zu Recht. Mittlerweile fällt das Urteil über die große Dame des galanten Zeitalters milder aus. Sie wurde nicht alt. Schon 1750, in ihrem 29. Lebensjahr, erkrankte die Marquise an Lungentuberkulose. Der König blieb ihr als guter Freund treu. Er schützte sie auch vor den Nachstellungen des Klerus und der Hofkamarilla. Für die Liebe fanden sich andere Damen, darunter die Gräfin Dubarry, Tochter eines Kapuziners.

Als es zu Ende ging, spendete ein uralter Priester der Marquise das Sterbesakrament. Nach der Letzten Ölung nahm der Gottesmann die seltene Gelegenheit wahr und verweilte am Sterbebett noch ein wenig im Gespräch, bis die Moribunde nach einer schicklichen Weile scherzte:

»Hochwürden, wenn Sie noch ein wenig länger
bleiben, werden wir zusammen gehen.«

Hochwürden erhob sich. Bei der schönen Pariserin
setzte die Atmung aus. Sie starb in ihrem 43. Lebensjahr.

ELVIS PRESLEY (1935–1977)

Gewöhnlich machte Elvis die Nacht zum Tage. Deshalb
schlief er bis gegen 15 Uhr. Dann gab es Frühstück –
vorher aber noch die Medikamente: eine Kräuter- und
Vitaminspritze für die Stimme, ein Kreislaufmittel
gegen die Schwindelgefühle, eine Abführtablette und
drei Appetitzügler und schließlich eine intramusku-
läre Injektion von Testosteron, dem männlichen Ge-
schlechtshormon. So gestärkt, sollte der »King« den
Tag herausfordern. Vor dem Auftritt, immer abends,
verabreichte sein mitreisender Hausarzt ihm wieder
Spritzen für die Stimme und den Kreislauf, dazu
Codein und Amphetamin (»Speed«). Das eine sollte
die Atemwege beruhigen, das andere den dicken Sänger auf Trab bringen. Deshalb bekam er, kurz bevor er
ins Rampenlicht trat (Honorar: 500 000 bis eine Mil-
lion Dollar), noch Koffein und Dilaudid, eine Schwester des Morphiums. Weil der amerikanische Künstler
nur sehr selten Alkohol trank (und nicht rauchte), hatte

»Elvis the Pelvis« Mühe, sich nach seinen strapaziösen Life-Shows »herunterzudimmen«. Wieder half der Onkel Doktor, diesmal mit Barbituraten und Psychopharmaka, schweren Schlaf- und Beruhigungsmitteln. Sicherheitshalber gab es noch eine Pille gegen Bluthochdruck und Abführmittel, auf Wunsch von allem auch einen Nachschlag.

So wurde Elvis Presley aus East Tupelo/Mississippi zur wandelnden Apotheke gemacht. Ohne massive Überdosierung von Medikamenten ging gar nichts mehr. Mit den Drogen aber auch nicht. Der Musiker spürte das. Fünf Monate vor seinem Tod setzte er das Testament auf: alles für seine einzige Tochter, nichts für die geschiedene Ehefrau, nichts für seine Freundin Ginger Alden, 20. Sie hat als letzter Mensch mit dem gutmütigen, schwer kranken Mann gesprochen, als er morgens gegen neun Uhr ins Badezimmer wankte: »Aber schlaf nicht ein!«

»Okay, werd ich nicht.«

Ginger fand ihren Freund fünf Stunden später zusammengekrümmt, regungslos, todeskalt im Badezimmer. Der »All-American-Boy«, geliebt von Millionen, war für immer eingeschlafen, in seinem 43. Lebensjahr.

HERMANN FÜRST VON PÜCKLER-MUSKAU
(1785–1871)

war ein talentierter Parkgestalter (in Muskau an der
Neiße und in Branitz an der Spree), vor allem aber
Exzentriker, Verschwender und Bestsellerautor. Das
nach ihm benannte halbgefrorene »Pücklereis« hat
sein Koch erfunden. Pücklers Reiseberichte aus fernen
Ländern werden immer noch aufgelegt und lesen sich
auch heute sehr unterhaltsam. Mindestens ebenso
schwungvoll war sein Leben. Der sportliche, polyglotte Hochadlige brachte von einer mehrjährigen
Ägyptenreise eine junge freigekaufte Sklavin namens
Machbuba mit nach Preußen, zum Entsetzen seiner
Exfrau und des Königshofes; er amüsierte die Berliner, weil seine Kutsche von zahmen Hirschen gezogen
wurde; für eilige Post hielt er sich einen Schnellläufer,
der immerhin 80 Kilometer am Tag bewältigte, als
Hofmarschall in seinem Schloss Branitz einen Zwerg.
In Branitz ließ er auch eine 15 Meter hohe Pyramide,
einen Tumulus, in einem künstlichen See als Grab-
stätte aufschütten, denn er hielt es mit dem Koran:
»Gräber sind die Bergspitzen einer fernen neuen Welt.«
Als der preußische König 1870 die Bitte des 85-jäh-
rigen Pückler auf Reaktivierung als General zwecks
aktiver Teilnahme am deutsch-französischen Krieg ab-
lehnte, war Pückler leicht beleidigt. Eine rasch fort-
schreitende Altersschwäche nahm dem reiselustigen
Weltmann die Kräfte. »Schmerzlos, ruhig und mit
Grazie«, ganz wie er ihn sich gewünscht hatte, war

sein Tod. Vorher hatte er noch sein Lieblingspferd grüßen lassen und dann angeordnet:

»Man öffne mir den Weg zum Tumulus.«

WILHELM REICH (1897–1957)

Am Ende seines unruhigen Lebens geriet der Vater der Orgon-Energie ins Zuchthaus. Das fand der prominente Psychoanalytiker aber nicht weiter schlimm. Er war sicher, dass die amerikanischen Behörden ihn wegsperrten, um ihn vor seinen vielen Feinden zu beschützen. Schließlich trug er »zwei große Geheimnisse in mir, von denen niemand etwas weiß« – leider nahm er sie mit ins Grab. Nur den Umstand, dass die Bundespolizei FBI ihn 1956 gezwungen hatte, eigenhändig mit einer Axt alle seine selbst gebauten »Orgon-Akkumulatoren« zu zerschlagen, das nahm der Arzt, Marxist, Philosoph, Bestsellerautor und Entdecker übel. Auf Orgon, die »Kosmische Lebensenergie«, setzte er – wie seine zahlreichen Jünger heute noch – große Hoffnungen. Eines Tages werde Orgon die Raumschiffe antreiben und das Wetter zum Besseren beeinflussen. Außerdem sei Orgon das unsichtbare Substrat jedweden Orgasmus: »Im Geschlechtsakt treten zwei bio-elektrisch hochgespannte Organismen miteinander in Beziehung. Alles ist auf die Entladung vegetativer Hochspannung konzentriert. Zwei in orgastischer Wollust verharrende Körper sind nichts als ein zuckender Plasmahaufen« – und eben Orgon-Strahler. Durch physikalische Messungen ließ sich Orgon bisher nicht nachweisen.

Der amerikanische Zuchthaus-Psychiater fand den österreichischen Emigranten Dr. med. Reich vor allem skurril und seine Geistesstörung, eine seit 1934 bekannte paranoide Psychose mit Größenwahn, nicht weiter gefährlich. Im Übrigen gebe es im US-Bundesstaat Maine außerhalb der Zuchthausmauern von Lewisburg auch keine Behandlungsmöglichkeit, die Heilung erwarten lasse. Also blieb Reich eingesperrt, denn er hatte sich der »Missachtung des Gerichts« schuldig gemacht. Von den zwei Jahren Zuchthaus saß er acht Monate ab, dann starb er eines Nachts in seiner Zelle überraschend an Herzinfarkt. Der Wiener Weggefährte Sigmund Freuds rechnete in diesen Tagen mit seiner Begnadigung und wusste sich gut behütet. Er vertraue fest auf die amerikanische Luftwaffe, sagte er dem Zuchthausarzt. Denn die Air Force sei ein tendenzieller Profiteur der Orgon-Energie. Als in der Nähe seines vergitterten Gewahrsams Flugübungen stattfanden, erkannte Wilhelm Reich:

> *»Da sind sie. Sie schützen mich*
> *und sie ermutigen mich.«*

Richard Löwenherz (1157–1199)

Als dieser unerschrockene und kriegslustige Mann über England und Frankreich herrschte, war das Schießpulver noch nicht erfunden (außer im fernen China). Es gab keine Gewehre und keine Kanonen. Besser noch: Wenn die Trommeln zum Kampf riefen, focht der König im eisernen Harnisch und mit dem Schwert in der Faust in der ersten Reihe. Entsprechend groß war das Berufsrisiko. Den tapferen Richard, geboren in Oxford, traf der Tod am 26. März 1199, in seinem 42. Lebensjahr. Der mittelalterliche König belagerte mit seinen Bogen- und Armbrustschützen gerade die Burg Chalus-Chabrol eines aufsässigen französischen Lehnsmannes. Vor dem abendlichen Festessen in seinem Zelt wollte Richard Löwenherz die Sache noch mal inspizieren, vernachlässigte dabei die Deckung und wurde von einem feindlichen Armbrustschützen in die linke Schulter getroffen. Zurück im Zelt, brach Raubein Richard – er hatte gerade den Dritten Kreuzzug ins Heilige Land angeführt und dabei ein paar tausend gottlose »Muselmanen« umbringen lassen – den Holzschaft ab, die eiserne Spitze blieb in der Schulter. Ohne Narkose (die gab es damals noch nicht) ging nun der Feldchirurg ans Werk, schnitt tief ins Fleisch und holte das Metall heraus. Die Wunde wurde brandig, Richard Löwenherz fieberte, ein Priester gab dem Herrscher über das größte Reich des Mittelalters eine Woche später die Letzte Ölung – nicht ohne dem sterbenden

Feldherrn noch mal energisch ins Gewissen zu reden. Richard solle den »drei schlechten Mädchen, die er aushalte«, abschwören – dem Ehrgeiz, dem Geiz und der bösen Wollust. Damit war der legendäre Herrscher einverstanden:

> *»Ich hinterlasse meinen Ehrgeiz den Templern,*
> *meinen Geiz den Mönchen,*
> *meine Wollust den Prälaten.«*

RAINER MARIA RILKE (1875–1926)

hieß eigentlich nicht Rainer, sondern René. Sein ganzes Leben lang war der hochbegabte Poet, Schriftsteller und Übersetzer auf Reisen, am liebsten als Gast in einsamen Schlössern, eingeladen von älteren Aristokratinnen. Schon in jungen Jahren zeigte der Sohn aus kleinen Verhältnissen (sein Vater war Unteroffizier und Eisenbahnbeamter, die Mutter kleidete sich wie eine verwitwete Erzherzogin) eindrucksvolles Talent, doch reichten – wie bei fast allen großen Dichtern – die Honorare nicht zum Leben. Die Sonette und Elegien des Pragers kreisen um Leben und Tod, viele der Texte haben die Zeit überdauert, zum Beispiel:

Der Tod ist groß.
Wir sind die Seinen lachenden Munds.
Wenn wir uns mitten im Leben meinen,
wagt er zu weinen
mitten in uns.

Mitte der zwanziger Jahre erkrankte der unstete Reisende an Blutkrebs. Gegen Leukämie gab es seinerzeit keine wirksame Behandlung. »Ich bin auf eine elende und unendlich schmerzhafte Weise erkrankt«, schrieb er einem Freund, und drei Wochen vor seinem Tod: »Tag und Nacht: die Hölle!«

Er lag in einem Schweizer Sanatorium und bat die einzig anwesende Freundin:

»Helfen Sie mir zu meinem Tod.«

Nach zwölf Stunden sanften Schlafs erlosch am 29. Dezember 1926 sein Leben. Rechtzeitig hatte er den Bergfriedhof von Rarogne in der französischen Schweiz zum Ort bestimmt, wo er »zur Erde gebracht« werden wollte. Auch die Grabinschrift, seither millionenfach zitiert, hatte er für sich selbst ersonnen:

Rose, oh reiner Widerspruch, Lust
Niemandes Schlaf zu sein unter soviel
Lidern

~

Joachim Ringelnatz (1883–1934)

Der Schriftsteller und Maler, Kabarettist und skurrile Lyriker hieß eigentlich Hans Bötticher, stammte aus Wurzen in Sachsen, weshalb es den freiheitsdurstigen Jugendlichen zur See zog. Er wurde Schiffsjunge. Im Ersten Weltkrieg brachte er es, als kaiserlicher Leutnant der Marine, bis zum Kommandanten eines Minensuchboots und – als der Kaiser in seinem Salonwagen geflüchtet war – zum frei gewählten Mitglied eines revolutionären Arbeiter- und Soldatenrates. Der rasche Wechsel von Orten und Berufen – er war unter anderem Hausmeister, Kaufmann (in München-Schwabing besaß er 1909 einen Tabakladen), Burgführer, Bibliothekar, Gärtner, Archivar, Texter – war ihm zur zweiten Natur geworden. Am liebsten wäre er Pilot geworden (»Wenn ich zwei Vöglein wär und auch vier Flügel hätt«). Erst seine Frau Leonarda Pieper, die er »Muschelkalk« nannte, brachte ab 1920 Stabilität in sein Leben. Doch der große Durst blieb ihm. Anfang der dreißiger Jahre erkrankte er auch noch an Lungentuberkulose. Verfolgt von den Nazis, verarmt und auf weniger als 50 Kilo abgemagert, kehrte er im Herbst 1934 aus dem Sanatorium zum Sterben in seine Berliner Wohnung zurück. Zu schwach zum Dichten, gestand er seiner Gattin weinend:

»Und ich hatte mich so aufs Arbeiten gefreut.«

Bei seiner Beerdigung (neun Trauergäste) zitierte ein
Freund die Zeilen für seine Frau:

> *»Wenn ich tot bin, darfst du gar nicht trauern,*
> *Meine Liebe wird mich überdauern*
> *Und in fremden Kleidern dir begegnen*
> *Und dich segnen.«*

MAXIMILIEN DE ROBESPIERRE (1758–1794)

Er hatte als oberster Intrigant im Namen der Tugend –
»La vertu« – die Verhaftung und Verurteilung seines
Advokatenkollegen Danton durchgesetzt. Jetzt sah der
»Unbestechliche« (so Robespierres Ehrenname) hinter
geschlossenen Jalousien dem letzten Gang seines Konkurrenten zu. Der Bullerkopf Danton bemerkte ihn
und schrie los: »Bestie, sieh hinab! In höchstens vier
Monaten wirst du auch diesen Weg gehen! Du wirst
zittern, du Feigling!«

Zum Henker sagte Danton: »Zeige den Leuten
meinen Kopf – es lohnt sich, dass sie ihn sehen. Bald
wird die Republik keinen Kopf mehr haben!« Wie
von Danton vorhergesagt, trennte die Maschine des
Terrors nach vier Monaten, Ende Juli 1794, auch den
Kopf des Robespierre vom Rumpf. Der letzte große
Revolutionär verhielt sich ganz still. Nach Volksreden

stand dem Schöpfer der neuen, republikanischen Religion, dem »Kult des höchsten Wesens«, nicht mehr der Sinn. Am Richtplatz ging es wegen des großen Andrangs nur langsam voran. Ein gutmütiger Gaffer band dem gefesselten Gefangenen ein rutschendes Strumpfband neu fest.

»Merci, monsieur«

waren die letzten leisen Worte des 36-jährigen Todeskandidaten.

~

DER RÖHM-PUTSCH 1934
UND SEINE TOTEN

Das Tausendjährige Reich der deutschen Nationalsozialisten und ihres Führers Adolf Hitler war 17 Monate alt, als die erste Säuberungswelle über das Reich und die eigenen Männer hinwegrollte. Am letzten Juni-Wochenende 1934 wurden 83 Männer und zwei Frauen liquidiert, ohne Prozess erschossen, erschlagen oder ertränkt, Hunderte kamen in die Konzentrationslager. Die Opfer waren meist »alte Kameraden«, Nazis aus der »Kampfzeit« während der Weimarer Republik, vor allem Anführer der Sturmabteilungen (SA). Diese paramilitärische Organisation hatte damals gut drei Millionen Mitglieder, oft Arbeitslose, vielfach angeführt von Adligen, die nach der »Machtergreifung« am 30. Januar 1933 gemeinsam eine »Zweite Revolution« anzetteln wollten. Das eigentliche sozialrevolutionäre Ziel der SA war die angemessene Beteiligung am NS-Staat und seinen Pfründen. Die Sturmabteilungen wollten Geld, Waffen, Sozialprestige und vor allem Führungspositionen im neuen Reich, auch beim Militär. Deshalb unternahmen der SA-Stabsführer Ernst Röhm und seine Subkommandanten im Frühjahr 1934 immer wieder Anläufe, SA und Reichswehr zu einer Miliz, einer Volksarmee unter Röhms Führung zu verschmelzen. In diesem Punkt konnte und wollte Hitler kein Entgegenkommen zeigen. Der Reichskanzler brauchte die Rückendeckung der vorgeblich »unpolitischen« und »neutralen« Berufsarmee, um sich nach dem vorhersehbaren Tod des Reichspräsidenten Paul von Hindenburg zum allmächtigen »Führer« des neuen Reiches auszurufen. Auch die anderen Machteliten, vor allem in Partei, Verwaltung und Polizei, zeigten keine Neigung, den Rabauken der SA entgegenzukommen. Niemand wollte mit Röhm teilen. Deshalb kam es im Sommer 1934 zu einer staatlich gelenkten Mordaktion, die als »Röhm-Putsch« in die Geschichte einging. Die blutige Abrechnung unter den Nazis dauerte nur drei Tage. Der Reichskanzler aus Braunau am Inn und Gefreite des Ersten Weltkriegs stürmte mit gezogener Pistole in Röhms Schlafzimmer, um ihn zu verhaften. Hitler war es auch, der schon zwei Tage später die Mordaktion zur »Staatsnotwehr«

erhob. Er, der Führer, sei in diesen »Stunden verantwortlich für das Schicksal der deutschen Nation« gewesen, »und damit des deutschen Volkes oberster Gerichtsherr«.

An Hitlers Seite waren die Schutzstaffel der Partei (SS), geführt von Heinrich Himmler (Selbstmord durch Zyankali 1945), die Polizei, kommandiert vom preußischen Ministerpräsidenten Hermann Göring (Selbstmord durch Zyankali 1946), die geheime Staatspolizei (Gestapo), deren gnadenloser Chef Reinhard Heydrich (Attentatsopfer 1942) war; schließlich auch die Reichswehr, deren Generäle Werner von Fritsch (Freitod 1939), Ludwig Beck (erzwungener Selbstmord am 20. Juli 1944) und Erwin von Witzleben (gehenkt 1944) sich besonders über das »Durchgreifen« des Führers freuten. Dabei waren unter den Opfern auch zwei ihrer Generalskameraden gewesen, und keinem der Ermordeten war rechtlich Gehör gewährt worden. Ein Münchner starb, weil er den Allerweltsnamen Schmid trug und deshalb aus Versehen liquidiert wurde.

Die allermeisten Opfer wussten nicht, wie ihnen geschah und warum. Es gab keinen Putsch, auch nicht den Plan dazu. Mit vielen Opfern wurden alte Rechnungen beglichen, manche nur deshalb aus dem Weg geräumt, um einem anderen Karrieristen Platz zu machen. Fast alle Opfer waren begeisterte Nazis, die selbst für ihren Führer so manches Verbrechen begangen hatten und Adolf Hitler über alles liebten – bis

zum bitteren Ende. Ihre letzten Worte, soweit überliefert, sind deshalb oft makaber.

»Trefft gut, Kameraden! Heil Hitler!«,

rief *Karl Ernst*, SA-Gruppenführer (also Generalleut-
nant) dem Hinrichtungskommando zu, während er
versuchte, mit seinen gefesselten Händen das Braun-
hemd vor der Brust aufzureißen. Der charismatische
(und nicht sehr helle) Nazi hatte bis zum Schluss nicht
verstanden, weshalb ihn die SS-Leibstandarte hinter
der Leichenhalle der Lichterfelder Kaserne füsilierte.
Vier Freiwillige schossen. Ernst war sofort tot.

Gregor Strasser musste länger leiden. Der Apotheker aus Landshut war schon 1921 in die NSDAP
eingetreten, hatte am Hitler-Putsch 1923 teilgenom-
men, war nimmermüde zwölf Jahre lang als Gauleiter,
Redner und Organisator für die Partei getingelt und
glaubte bis zu seinem bitteren Ende, er sei eigentlich
gut Freund mit Adolf Hitler. Als die Gestapo ihn ab-
holte, war er sicher, zum Führer chauffiert zu werden.
Dem Bayern war unvorstellbar, dass sein Konkurrent
Heinrich Himmler (auch er ein Landshuter) und der
dicke Hermann Göring jetzt das Ohr des Reichskanz-
lers hatten und seine, Strassers, Ermordung betrieben. »Himmler und die Anhimmler« hielt Strasser für
die schlimmsten Feinde des deutschen Nationalsozia-
lismus, den »Renaissancefürsten« Göring für einen
»brutalen Egoisten, der sich nicht einen Pfennig um

Deutschland kümmerte«. Die beiden ließen Strasser in eine Kellerzelle im Berliner Gestapohauptquartier sperren, eine Zelle mit großem Guckloch.

>>*Keiner lebt ewig*«,

sagte der Alt-Nazi. Als im Guckloch plötzlich eine Pistole und die Schatten seiner Mörder auftauchten, warf sich Strasser zur Seite. Drei SS-Männer schossen auf ihn. Er brauchte lange zum Sterben. Als man Heydrich meldete, Strasser sei immer noch nicht tot, meinte der ranghohe Beamte zynisch: »Lasst doch das Schwein ausbluten!«

In Zelle 504 des Gefängnisses München-Stadelheim wartete derweil der SA-Obergruppenführer (Generaloberst) *August Schneidhuber* auf die Klärung der Lage. Er war Münchens neuer Polizeipräsident und fühlte sich in der Zelle deplatziert. Mit Grünstift hatte Hitler auf der Liste der Inhaftierten hinter den Namen seines alten Kämpfers ein Kreuz gemacht. Gruppenführer Sepp Dietrich, Kommandeur der SS-Leibstandarte Adolf Hitler, organisierte die Hinrichtungen im Hof der Haftanstalt.

>>*Kamerad Sepp! Was ist los? Wir sind unschuldig!*«,

schrie Schneidhuber, als er seines Henkers ansichtig wurde. Sepp Dietrich – er überstand das Dritte Reich, kassierte 1957 für seine Mitwirkung bei der »Niederschlagung des Röhm-Putsches« 18 Monate Gefängnis und starb 1966 ganz friedlich im Bett – entgegnete knapp: »Sie sind vom Führer zum Tode verurteilt worden. Heil Hitler!«

So viel Aufklärung wurde dem General *Kurt von Schleicher* nicht zuteil. Der Mann, ein rechtsnationaler Preuße, war Hitlers unmittelbarer Vorgänger als Reichskanzler gewesen (Dezember 1932 bis Januar 1933), jung verheiratet und an vielen politischen Ränkespielen beteiligt. Die vier Gestapoleute, die in seine Potsdamer Villa eindrangen, fragten nur nach seinem Namen.

»Ja, ich bin General Schleicher«

waren die letzten Worte des Schreibstubengenerals. Die Schüsse trafen ihn am Hals und im Rücken. Seine Frau Elisabeth hob beide Hände hoch und schrie vor Entsetzen. Sekunden später war auch sie tot. Ihre Leichen wurden am Tag vor der Beerdigung gestohlen.

In München stritten sich unterdessen der Stellvertreter des Führers, Rudolf Heß (er erhängte sich 1987 nach 46-jähriger Gefangenschaft im Kriegsverbrechergefängnis Berlin-Spandau, 93 Jahre alt), und ein Parteigenosse vor ihrem Führer um die Ehre, den SA-Chef und Namenspaten des Putsches Ernst Röhm erschießen zu dürfen. Röhm war, wie viele höhere SA-Führer, homosexuell. Himmler nannte die SA-Führung deshalb nur den »Päderastenverein«. Röhm war stämmig, versoffen und – Reichsminister. Dem Führer hatte er die Parteiarmee SA aufgebaut. Er verstand nicht, wen oder was er »verraten« haben sollte. Hitler ließ sich auf keine Erklärungen ein, Kripobeamte verfrachteten den Landsknecht ins Gefängnis Stadelheim. Fast zwei Tage zögerte Hitler, ehe er die Ermordung anordnete. Ein SS-Offizier betrat die Zelle 474, in der Röhm verschwitzt und mit bloßem Oberkörper auf der Pritsche saß. »Sie haben Ihr Leben verwirkt«, sagte der SS-Mann, »der Führer gibt Ihnen noch eine Chance, die Konsequenzen zu ziehen.« Er legte eine Pistole auf den Tisch, vorsichtshalber mit nur einem Schuss geladen. 15 Minuten warteten die Henker auf dem Zuchthausflur. Nichts rührte sich. Dann öffneten sie die Zelle und schossen auf Ernst Röhm. Der sank nach hinten zu Boden. Sterbend flüsterte er:

»Mein Führer! Mein Führer!«

Der virtuelle Putsch der SA war vorbei. Hitler schickte alle Kameraden der Sturmabteilungen »in Urlaub«. Im Dritten Reich hatte die SA nie wieder etwas zu melden.

~

SULTAN SALADIN (1137–1193)
»Diese Welt ist das Gefängnis des Rechtgläubigen«, lehrt Allah, »und das Paradies des Ungläubigen.« Zu Zeiten des arabischen Sultans Jusuf Saladin hatten es

sich die Christen nach zwei blutigen Kreuzzügen im Vorderen Orient besonders paradiesisch eingerichtet. Jerusalem war erobert und Hauptstadt eines christlichen Königreichs, denn »Deus lo vult«, Gott will es so. Saladin aber nicht. Der kleine Kurde aus Tikrit, tapferer Feldherr, charismatischer Volksheld und kluger Diplomat, besiegte 1187 die europäischen Eroberer und warf die fränkischen Kreuzritter aus dem Land. Das hatten vor ihm auch schon ein paar andere Sarazenen – so nannten Christen die Muslime – versucht, stets vergeblich.

Saladin schaffte es, weil er kein Rabauke wie sein Gegner Richard Löwenherz war, sondern so besonnen und großzügig, dass der deutsche Dichter Gotthold Ephraim Lessing ihn später als »Nathan den Weisen« besang. Saladin war eben nicht nur der mächtigste Widersacher der europäischen Eroberer, er war auch der erste arabische Herrscher, der kein Despot war. Das Volk von Damaskus weinte um ihn, als er sich, 55-jährig, mit Typhus infizierte. Saladin rang fast vier Wochen mit dem Tod. Tag und Nacht lasen ihm Schriftgelehrte aus dem Koran vor. Tröstendes wie »Es gibt keinen Gott außer Allah« und eben die bittere Erkenntnis: »Diese Welt ist das Gefängnis der Rechtgläubigen.« Als am 4. März 1193 über seinem Palast die Sonne aufging, flüsterte der Sultan sterbend:

»Jetzt hat Jusuf sein Gefängnis verlassen.«

FERDINAND SAUERBRUCH (1875–1951)
war der bedeutendste deutsche Chirurg in der ersten Hälfte des 20. Jahrhunderts, Vater der Lungenchirurgie, Konstrukteur neuartiger Prothesen und als Raubein unerreichtes Vorbild aller ärztlichen Messerhelden. Dass der Sohn eines früh verstorbenen Textiltechnikers aus Barmen die Heilkunst studieren durfte, verdankte er seinem aufopferungsvollen Großvater und dem Umstand, dass es im Deutschen Kaiserreich keinen »Numerus clausus« für die Universitäten gab, denn das Reifezeugnis des selbstbewussten Aufsteigers war erbärmlich schlecht. Früh fühlte sich der Studiosus zur Chirurgie hingezogen, damals ein blutiges Handwerk von geringer Reputation. Es ist auch Sauerbruchs Verdienst, dass sich dies änderte: Er verbesserte zahlreiche Operationsmethoden, wagte (zum Teil mit Erfolg) kühnste Eingriffe, integrierte technische Erfindungen (etwa Überdruck und Unterdruck) und mehrte seinen Ruhm durch nimmermüde Tatkraft: Am liebsten stand er Tag und Nacht am OP-Tisch, zuletzt als Chef der Charité in der Reichshauptstadt Berlin. Von seinem handwerklichen Geschick und seiner Entschlossenheit fühlten sich Prominente aus aller Welt angezogen. Der einfachen Bevölkerung galt der Professor und Geheimrat als Inkarnation eines Halbgottes in Weiß. Zu seinen Patienten zählten Reichspräsident Hindenburg, führende Nazis und nach 1945 sogar russische Generäle. Die machten den deutschnationalen 70-jährigen Generalarzt der Reserve

sofort zum ersten Gesundheitsstadtrat im eroberten Berlin. Die zunehmende Verkalkung seiner Gehirngefäße dämpfte Sauerbruchs Talent, nicht jedoch seinen durchsetzungsstarken Willen. Er duzte – wie immer – jedermann und griff notfalls auch in Privaträumen zum Skalpell. Im Juni 1951 kam er im Kreuzberger Urban-Krankenhaus zur Ruhe. Lichte Momente wurden rar. Seine Oberärzte wachten am Sterbelager. Zuletzt zeigte er auf Fenster und Tür und fragte:

»Wo tragt ihr mich hinaus? Dort oder dort?«

Er starb am Tag vor seinem 76. Geburtstag. Man beerdigte ihn im Operationskittel und legte ihm sein Stethoskop in den Sarg.

FRIEDRICH VON SCHILLER (1759–1805) brauchte drei Anläufe, ehe er als Schüler einer Stuttgarter militärischen Pflanzschule 1780 mit der Dissertation *Über den Zusammenhang der thierischen Natur des Menschen mit seiner geistigen* zum Doctor medicinae promovierte und Regimentsmedicus wurde. Nicht lange, denn der zartgliedrige Schwabe neigte zur Rebellion und zur Dichtkunst. Nach nur zwei Jahren, in einschlägigen Kreisen war er mittlerweile als Autor des spektakulären Schauspiels *Die Räuber* bekannt, ging er seinem württembergischen Herzog Karl Eugen von der Fahne und entfloh. Auch zur Heilkunst kehrte Dr. med. Schiller nie zurück, doch blieb ihm als Dramatiker ein Faible für eindrückliche Todesszenen auf der Bühne und im Gedicht. Als Doktor wusste er: »Zweimal sieht kein Mensch die Todesufer«, als Patient war er eher ratlos. Der unruhige, die Orte oft wechselnde Schiller – er lebte in Marbach, Stuttgart, Mannheim, Oggersheim, Frankfurt am Main, Bauerbach, Leipzig, Dresden, Jena und Weimar und war Journalist, fester und freier Theaterdichter, Romancier, Philosoph und Professor für Geschichte – war schon um 1790 mit Tuberkulose angesteckt worden. Seinerzeit wusste man noch nichts von den Tb-Bazillen, kannte keine wirksame Behandlung und hielt das ansteckende Lungenleiden meist für einen verschleppten »Katarrh«. Schiller, fand sein Freund Goethe, »hustet sich zu Tode«. In den letzten Tagen quälten ihn Schüttelfröste und Ängste vor langem Siechtum, nur die Schmerzen ließen nach, denn die linke Lunge war bereits vollständig zerstört. Seine Ehefrau und deren Schwester – er führte mit den beiden eine Menage à trois – wachten an seinem Sterbelager. Der Hausarzt verordnete Champagner. »Immer besser, immer heiterer« gehe es ihm, sagte er am Abend vor dem Tode zu den beiden Frauen: »Jetzt ist mir das Leben so klar.« Dann fiel Schiller in ein Fieberdelirium und phantasierte auf Lateinisch. Als Letztes verstanden die Damen das Wort:

>>Judex.<< –
Richter.

ROMY SCHNEIDER (1938–1982)

Im letzten Buch, das die schlaflose Schauspielerin las, unterstrich sie den Satz: »Ich weiß, was der Ruhm bedeutet und was das Nahen der Nacht.« In jenen Wochen zog die Kinokönigin (*Sissi, Boccaccio '70, Trio Infernal, Die Spaziergängerin von Sans-Souci* und weitere 52 Filme) in Paris ruhelos umher und suchte Halt, wo wenig Halt zu finden war, im Rotwein, im Whisky, beim Haschisch, in großen Mengen von Schlaf- und Beruhigungsmitteln. »Romy gehörte zu den Menschen, die das Unglück magisch anziehen«, urteilte ihr alter Freund und Filmpartner Jean-Claude Brialy. Der französische Star Michel Piccoli lieferte dazu auch gleich die Begründung: »Sie war das Gegenteil von Vernunft und Vorsicht.«

Anfang der achtziger Jahre war die Wienerin ziemlich am Ende. Sie machte die Nacht zum Tag, ihre Augenlider waren verquollen, sie brach sich ein Bein, musste an der Niere operiert werden, ihr kleiner Sohn verunglückte tödlich beim Spielen. Neue Freunde und ein zehn Jahre jüngerer Partner konnten Romy Schneiders Depressionen nicht aufhellen und die Unrast ihrer letzten Lebenswochen nicht dämpfen. Sie schmiedete allerlei Pläne, drückte sich aber vor fest vereinbarten Aufgaben. Vergeblich bemühte sich die französische Finanzbehörde, von der Diva neun Millionen Francs Steuerschulden einzutreiben. Der Star, erfolgreich berufstätig seit seinem 15. Lebensjahr und mit Millionengagen honoriert, war pleite. Nur eine strikte Entziehungskur hätte ihr (vielleicht) noch helfen können. Doch ärztliche Hilfe lehnte sie ab. Dabei war ihr die Lebensgefahr durchaus bewusst.

*»Natürlich gibt es Augenblicke, wo man
Lust hat, den Vorhang fallen zu lassen«,*

vertraute sie einem Freund in den letzten Tagen an. Ob die 43-Jährige den Vorhang fallen ließ oder ob ihrem gequälten Körper die Rauschdrogen und Tabletten zuwider wurden und er das Leben aufgab, bleibt ungeklärt. Man fand die Künstlerin tot in ihrer Pariser Wohnung. Auf ihrem Totenschein steht: Herzversagen.

ARTHUR SCHOPENHAUER (1788–1860)

Der berühmte deutsche Philosoph war sein ganzes Leben lang Pessimist. »Das Leben«, so erkannte er 1810, als 22-Jähriger, »ist eine missliche Sache: ich habe mir vorgesetzt, es damit hinzubringen, über dasselbe nachzudenken.« Eigentlich hätte er Kaufmann werden sollen wie sein wohlhabender Vater, stattdessen versuchte er sich ziemlich erfolglos als akademischer Lehrer. Sein Hauptwerk *Die Welt als Wille und Vorstellung* (1819) lag wie Blei, seine Vorlesungen mussten oft mangels Zuhörern ausfallen. Weil der Denker außer zum Pessimismus auch noch zu doktrinärer Besserwisserei neigte, seine Kollegen missachtete, zeitweise an Verfolgungsideen litt und seine skurrilen Marotten niemals korrigierte, wurde er erst im hohen Alter vom Publikum wahrgenommen. Auch deshalb fiel ihm der Abschied so schwer. Der Tod, klagte er seinem Arzt, der ihn wegen Herzschmerzen und Erstickungsanfällen behandelte, wäre ja nur dann eine Wohltat, wenn er die Aussicht eröffnete, »zum absoluten Nichts zu gelangen«. Das sei leider nicht so. Immerhin war der Philosoph in seinem letzten Wort mit sich selbst zufrieden:

»Es gehe wie es wolle, ich habe wenigstens
ein reines intellektuelles Gewissen.«

Sicherheitshalber ordnete er an, dass seine Beerdigung erst fünf Tage nach seinem Ableben erfolgen dürfe, für damalige Gepflogenheiten eine sehr lange Zeit. So hatte der Scheintod keine Chance. Weil Schopenhauer sicher war, dass seine Gedanken auch lange nach seinem Tod Aufmerksamkeit erregen würden, bestellte er sich einen »starken, eichenhölzernen Sarg« und eine Grabstelle auf »ewige Zeit« – wo, das war ihm ganz egal: »Es ist einerlei, sie werden mich finden.« Recht hat er: Hauptfriedhof Frankfurt am Main, Eckenheimer Landstraße, Gewann A24.

KURT SCHWITTERS (1887–1948)

Der Niedersachse aus einer sehr braven Hannoveraner Kaufmannsfamilie war ein früher und hochbegabter Dadaist, Kubist, Surrealist und Collagist. Die Nazis brachte seine Kunst so auf die Palme, dass sie 1937 in der Wanderausstellung »Entartete Kunst« seinem Werk das höchste Prädikat verliehen: Schwitters' Kunst sei »vollendeter Wahnsinn«. Da war der Maler und Dichter sicherheitshalber schon längst nach Norwegen emigriert. In Hannover hinterließ er den »Merzbau«, sein zum Gesamtkunstwerk umgestaltetes Haus. Die Royal Air Force legte es 1943 in Schutt und Asche. Weil Schwitters 1944 einen ersten Schlaganfall erlitt, wurde ein neuer Merzbau in England, seinem nächsten Zufluchtsland, nicht fertig. Nach zwei weiteren

Hirnblutungen, einem Blutsturz und akuter Schwäche konnte er, immer noch rastlos tätig, kaum noch sprechen.

>*Ich habe so wenig Zeit«*,

klagte er unmittelbar vor seinem Ende. Was von Tod und Sterben zu halten sei, hatte er rechtzeitig niedergeschrieben:

>*Ewig währt am längsten.«*

Unter die Erde kam Schwitters in Ambleside/England. Auf dem Hannoveraner Grabstein – denn der Dadaist hat zwei – steht: »Man kann ja nie wissen.«

Tom Simpson (1937–1967)

Am Mont Ventoux gibt es keinen Schatten. Auf diesem Berg in der französischen Provence – 1909 Meter hoch, ein verkarsteter Kegel – wachsen weder Baum noch Strauch. Mit dem Rennrad den kahlen Felsen hinaufzufahren, 7,5 Kilometer steil bergan, ist eine der barbarischsten Herausforderungen der *Tour de France*. Als Tom Simpson aus England, Radweltmeister 1966, am 13. Juli 1967 dort starb, mittags um

14 Uhr 20, herrschten in der Sonne 55 Grad Celsius. Der Berg glühte.

Simpson war ein talentierter Fahrer, rank und schlank, very british. Er lag auf dem 7. Platz der 54. Tour, als man am späten Vormittag in Marseille startete. Im Peloton lief alles friedlich, bis am Mont Ventoux zwei Konkurrenten attackierten und das Feld minutenschnell sprengten. Tom Simpson, Kapitän des »Peugeot«-Teams, machte sich an die Verfolgung. Er hatte schwere Beine, es ging ihm schon am Start nicht gut. »Ist es die Hitze?«, fragte ihn ein Reporter. »Nein, es ist die Tour«, bis dahin 13 Etappen. Am Mont Ventoux verlor er den Kontakt zur Spitze. Dabei hatte er sich doch nach allen Regeln der Kunst gedopt, mit einem ganzen Cocktail verbotener Substanzen: Amphetamin (»Speed«) und Methylamphetamin (»Tonedrin«), um Aggressivität und letzte Reserven zu mobilisieren, Aspirin gegen die Muskelschmerzen und Cognac fürs Gemüt. Simpson schwankte, er fuhr zickzack. Eineinhalb Kilometer vor dem Gipfel fiel er vom Rad auf die heiße Straße. Er war noch bei Bewusstsein. Die Zuschauer wollten ihm helfen. Tom Simpsons letzte Worte:

»Put me back on the bike.«

Wunschgemäß hob man ihn wieder aufs Fahrrad und schob ihn an. Der Engländer gab sein Allerletztes. Bewusstlos sank er 300 Meter weiter aus dem Sattel und starb. An dieser Stelle steht heute ein großer, repräsentativer Gedenkstein. Die Fahrer der Tour grüßen ihn beim Vorbeifahren, falls sie dazu noch genug Kraft haben.

SOKRATES (469–399 v. Chr.)

war der Begründer der klassischen philosophischen Tradition des Abendlandes. Seine Privatschule, eine Art Jungmänner-Gymnasium plus Akademie, in der wohlhabende Bürgersöhne und Aristokraten über Geometrie, Dialektik, Personalführung und Geschichte philosophierten, war sehr beliebt.

Sokrates lehrte die Übereinstimmung von Denken, Reden und Handeln und riet grundsätzlich zu einem maßvollen, vernünftigen Leben. Er konnte aber auch kenntnisreich von den Ausnahmesituationen des menschlichen Daseins berichten, hatte der Steinmetzsohn doch in jüngeren Jahren drei Kriegszüge gegen benachbarte Stadtrepubliken als schwer bewaffneter Fußsoldat mitgemacht und reichlich Beute davongetragen. Der herrschenden Klasse der seinerzeit reichsten und wichtigsten Stadt der Welt gefiel der Philosoph Sokrates mit den Jahren trotzdem immer weniger. Man warf ihm die »Verführung der Jugend« vor und den Versuch, neue Götter einzuführen. Darauf stand der Tod. Seine Ankläger vor Gericht waren ein Dichter, ein Demagoge und ein Rhetor (solche Berufe gab es damals). Eigentlich hätte sich der Argumentationskünstler Sokrates mühelos herauswinden können. Aber der 70-Jährige war vor Gericht bockig und aufsässig. Deshalb die Strafe: Tod durch den Schierlingsbecher.

Diese Exekutionsmethode ist seit Jahrtausenden nicht mehr in Gebrauch, denn sie erfordert von allen Beteiligten viel Muße. Koniin, das Gift des gefleckten Schierlings (*Conium maculatum*) wirkt erst nach Stunden, gewöhnlich vier bis sechs. Sokrates trank, so berichtet der Augenzeuge Platon, Lieblingsschüler des Verurteilten, »sehr heiter und gelassen« den Becher aus. Der erfahrene Henker und Giftmischer riet ihm: »Geh umher, bis dir die Schwere in die Beine kommt. Dann lege dich nieder, und so wird es von selbst wirken.« Koniin hat nämlich die heimtückische Eigenschaft, ganz langsam zuerst die Nervenzentren des Rückenmarks zu lähmen und am Ende bei vollem Bewusstsein die Atmung. Der Verurteilte erstickt. Sokrates betete lange und verhüllte dann sein Gesicht. Präfinal gab er seinem jungen Schüler Kriton noch einen letzten Auftrag:

*»Kriton, wir schulden dem Asklepios einen Hahn.
Opfert ihm den und versäumt es nicht.«*

Womit sich Asklepios, der griechische Gott der Heilkunst, den Dank des sterbenden Philosophen verdient hat, ist unbekannt. Sokrates' Kollegen und Schüler jedenfalls hatten das Exempel der Stadtregierung richtig verstanden. Sie zerstreuten sich bis auf Weiteres in alle Himmelsrichtungen.

AXEL SPRINGER (1912–1985)

»Und wer hat Sie, Axel Springer, während der Nazizeit verfolgt?« Auf diese genervte Frage des britischen Presseoffiziers antwortete der charmante, parteilose Hamburger 1945: »Eigentlich nur die Frauen.« Das war die reine Wahrheit und trug dem Erben einer kleinen Druckerei in Altona die Erlaubnis der Besatzungsmacht ein, die unpolitische Programmzeitschrift *Hörzu* zu verlegen. Damit wurde er Millionär. Die anderen profitablen Ideen – 1948: *Hamburger Abendblatt*; 1952: *10 Pfennig Bild*; 1953: Übernahme der *Welt* und immer so weiter – machten den Hanseaten zum Milliardär und sein Unternehmen zum größten und einflussreichsten Verlag in Deutschland.

Dabei zentrierte Springer seine Talente keineswegs monoman auf das Zeitungshandwerk. Er interessierte sich lebhaft für das schönere Geschlecht (fünf Ehefrauen), die christliche Religion (am Ende war er ein Evangelikaler), deutsche Innenpolitik (Kampagne gegen die 68er Studenten), deutsche Außenpolitik (er verhandelte in Moskau über die Wiedervereinigung), die Versöhnung mit den Juden und Israel. Er hatte viele Freunde und reichlich Feinde.

Im Alter wurde er milder. Seine Krankheit zum Tode – Infektionen, Fieberschübe, Gewichtsverlust – zog sich lange hin und konnte nicht zweifelsfrei benannt werden. Er selber vermutete als Ursache eine »Frischzellen«-Therapie mit dem Gewebe ungeborener junger Lämmer. Diese nutzlose und teure Behandlung war seinerzeit unter Reichen en vogue und wurde später in Deutschland wegen ihrer Gefahren verboten. Am letzten Tag seines Lebens las ihm seine Ehefrau Friede im Krankenhaus die Tageslosung Johannes 11 Vers 25 vor, Worte, die Jesus an Martha gerichtet haben soll: »Ich bin die Auferstehung und das Leben; wer an mich glaubet, der wird leben, ob er gleich stürbe.« Friede Springer erinnert sich: »Axel strahlte eine heitere Gelassenheit aus, war voller Frieden. Er fror nicht, er hatte keine Schmerzen, nichts quälte ihn mehr.« Als seine Frau ihn fragte, wie es ihm gehe, antwortete er:

»Es könnte nicht besser sein.«

Im gleichen Augenblick blieb sein Herz stehen.

~

Claus Graf Schenk von Stauffenberg
(1907–1944)

Der schwäbische Oberst im Generalstab unternahm am 20. Juli 1944 ein Attentat auf den Führer Adolf Hitler. In der Lagebaracke von dessen ostpreußischem Hauptquartier in Rastenburg zündete der schwer kriegsverletzte, einarmige, einäugige Offizier eine Bombe. Hitler platzten nur die Trommelfelle. Nach Berlin zurückgekehrt, versuchte Stauffenberg einen lange vorbereiteten Staatsstreich in Gang zu setzen. Die Verschwörung scheiterte. In der Stunde vor Mitternacht verurteilte ein Standgericht der Wehrmacht auf Initiative des Generaloberst Friedrich Fromm den Attentäter und drei weitere Offiziere zum Tode. Die vier wurden in den Hof des Berliner Bendlerblocks – dort hatte das Oberkommando seinen Sitz – geführt und an die Wand gestellt. Alle Kraftfahrzeuge mussten ihr Licht einschalten. Ein Peloton von zehn Unteroffizieren des SS-Wachbataillons *Großdeutschland* erschoss Mann für Mann. Bei Stauffenbergs Tod waren in dem engen Hof und an den Fenstern der Büros gut hundert Menschen anwesend. Sie sind sich einig, dass der 36-jährige Graf im Angesicht der Gewehre noch laut einen letzten Satz gerufen hat. Nur welchen?

»Heiliges Deutschland!«
oder
»Es lebe Deutschland!«
oder

»Es lebe unser heimliches Deutschland!«
oder
»Es lebe unser geheiligtes Deutschland!«
oder
»Es lebe ein freies Deutschland!«
oder
»Es lebe Deutschland, ohne den Führer!«

Alle diese letzten Worte sind gut belegt, berichtet von vertrauenswürdigen Anwesenden, belegt durch die Vita des Attentäters. Doch welche Wendung stimmt wortwörtlich? Das wird – auf ewig – ungeklärt bleiben.

Franz Josef Strauss (1915–1988)
wurde »Der bayerische Löwe« genannt. Die deutsche Nachkriegspolitik hat er mehr als vier Jahrzehnte lang wie nur wenige temperamentvoll und nachhaltig beeinflusst. In Bonn war der gebürtige Münchner, ein hochbegabter Volksredner, schon als 38-jähriger Minister für besondere Aufgaben, später Atom-, Verteidigungs- und Finanzminister. Wo er war, da war das Leben. Der Metzgersohn imponierte durch großen Hunger und großen Durst, radikale Ansichten, atemberaubende politische Visionen und Konfliktbereit-

schaft, enorme Durchsetzungsfähigkeit und Stehvermögen. Viele kleinere und größere Skandale säumten seinen Weg. Der ehrgeizige CSU-Chef hat sie alle heil überstanden. Nur sein großer Wunsch, in Bonn Kanzler zu werden, scheiterte endgültig 1980. So wurde er auf seine alten Tage bayerischer Ministerpräsident, ein höchst repräsentativer, der die Folklore mit Leben erfüllte und auf alle mahnenden Worte der Ärzte pfiff. Am Sonnabend, dem 1. Oktober 1988, saß er erst ein paar Stunden bei Speis und Trank in einem Bierzelt des Münchner Oktoberfestes, dann ließ der 73-Jährige am frühen Nachmittag einen Hubschrauber kommen. Auf ging's zur Jagd mit seinem Spezl, dem Fürsten von Thurn und Taxis, in dessen Wälder. Physische Belastungen nahm der dicke Ur-Bayer stets klaglos hin, obwohl er an Bluthochdruck, Arthrose und Diabetes litt. Als der Helikopter auf dem Rasen vor dem fürstlichen Jagdschloss »Aschenbrennermarter« bei Regensburg landete, war Strauß wackelig auf den Beinen. »Der Flug war ein bisschen anstrengend«, kommentierte er die Lage. Strauß musste sich setzen. Um ihn herum standen rund 20 livrierte Diener und Jäger und sein Gastgeber. Strauß' letzte Bitte:

»Warten Sie noch.«

Dann verlor er das Bewusstsein, wahrscheinlich aufgrund einer Herzrhythmusstörung. Er sollte das Bewusstsein nicht wiedererlangen. Zwei Tage später

starb Strauß trotz aller Intensivmedizin im Krankenhaus der Barmherzigen Brüder zu Regensburg an der
Donau.

~

BERTHA VON SUTTNER (1843–1914)
Der österreichischen k.u.k.-Monarchie der Habsburger hat sie als »Friedensbertha« das Totenglöcklein
geläutet. Ihr Besteller *Die Waffen nieder!* enttarnte das
herkömmliche Szenario vom Krieg als erlaubter Fort-
setzung der Politik mit anderen Mitteln als unmensch-
lich und stellte die Kriegshandwerker ein für alle Mal
ins Abseits. Leute totzuschießen, das erschien der
Freifrau, die als Tochter eines (75-jährigen) Generals
und als Gräfin in Prag geboren wurde, als zutiefst
unmoralisch. Daraus machte die polyglotte Adlige, die
drei Jahrzehnte Chefin der von ihr initiierten »bürgerlichen Friedensbewegung« war, keinen Hehl. Als
höchst durchsetzungsfähige, streitbare Frau sorgte
Bertha von Suttner vor dem Ersten Weltkrieg in Europa
für viel Wirbel. 1905 bekam sie als erste Frau den Friedensnobelpreis. Unermüdlich propagierte sie den so-
zialethischen Pazifismus. Ihr berühmtes Buch *Die
Waffen nieder!* ist ein autobiografisch gefärbter, leicht
kitschiger Roman, der dem Geschmack der Zeit entsprach. Bis zu diesem relativ späten Start als Schrift-
stellerin – sie war schon 46 Jahre alt, als das Buch er-

schien – hatte sich die verarmte Aristokratin auch als Sängerin und Erzieherin durchgebracht.

Bei dem schwedischen Erfinder Alfred Nobel hatte sie sich 1873 erfolgreich als Privatsekretärin und Hausdame beworben. Als Erfinder des Dynamits zum vielfachen Millionär geworden, stiftete Nobel den Friedensnobelpreis später auch seiner »chère Bertha« zuliebe. Die tourte inzwischen ruhelos durch viele Staaten des hochgerüsteten Europa und traf zahllose einflussreiche Männer. Nebenbei schrieb sie immer noch sozialkritische Romane, meist mit adligen Helden.

Bis zum Schluss blieb die Pazifistin aktiv und guter Dinge. Als sie an Magenkrebs erkrankte, rasch an Gewicht verlor und bettlägerig wurde, verkündete sie an ihrem letzten Tag noch ein Reiseziel des guten Willens:

»Ich gehe nach Durazzo.«

Das war die Hauptstadt (4100 Einwohner) des kurzlebigen Fürstentums Albanien. Dort schlugen verschiedene Volksstämme aufeinander ein. Freifrau von Suttner vermutete in der gottverlassenen Küstenstadt den Herd eines großen Krieges. Der wurde, sieben Tage nach ihrem Tod, im einige hundert Kilometer nördlich gelegenen Sarajevo ausgelöst, als ein serbischer Attentäter den k.u.k.-Thronfolger Ferdinand erschoss. So begann der Erste Weltkrieg. Er bedeutete das Ende der Monarchie der österreichischen Habsburger, des russischen Zarenreichs, der Romanows und des deutschen Kaiserreichs der Hohenzollern. Adelstitel wurden in Russland und Österreich verboten.

CHARLES MAURICE DE TALLEYRAND
(1754–1838)

Der französische Adlige aus uraltem Geschlecht war ein Stehaufmännchen. Im Laufe seines langen Lebens diente er – stets an herausragender Stelle – dem Papst, der Revolution, dem Kaiser Napoleon und dem Königshaus der Bourbonen. Vor die Wahl gestellt, »Flüchten oder Standhalten?«, entschied er sich meist für das lebensverlängernde Flüchten. Deshalb war er, während in Paris die Guillotine ihr Werk tat, für drei Jahre in die Vereinigten Staaten von Nordamerika exiliert. Dort, wo man weder französische Bischöfe noch Politiker oder Diplomaten brauchte, sogar dem Adel ablehnend gegenübertrat, arbeitete er als Kaufmann. Das ging auch gut, denn der schlanke Pariser war ein Jahrhunderttalent als Redner und Verhandler. Von seiner Regel – »Die Sprache ist dem Menschen gegeben, damit er seine Gedanken verbergen kann« – wich er niemals ab. Deshalb brachte es Talleyrand, den die Eltern gegen seinen Willen wegen eines Fußleidens zum geistlichen Stand bestimmt hatten, mit 34 Jahren zum Bischof und mit 36 zum Präsidenten der umstürzlerischen Nationalversammlung, mit 44 zum Außenminister des Putschisten Napoleon und als 59-Jähriger zum Chefunterhändler (und Oberkammerherrn) des konservativen Königs der Bourbonen.

Auf dem Sterbelager erinnerte sich Talleyrand eines ganz alten Privilegs. Der Papst, sein erster Arbeitgeber, hatte den gegen ihn verhängten Bann aufgehoben und seinem entlaufenen Diener nachträglich sogar die Ehe erlaubt. Das Sterbesakrament reichte dem alten Herrn der Abbé Dupanloup, ein besonders frommer Mann, der sich mit dem geistlichen Regelwerk natürlich nicht so gut auskannte wie der Sterbende. Als der Priester die Hände des Greises salben wollte, hielt Talleyrand sie dem Geistlichen mit den Handflächen nach unten hin, was dieser als Fauxpas empfand. Talleyrand musste eine allerletzte Belehrung murmeln:

»Vergessen Sie nicht, Abbé, dass ich Bischof bin.«

Und selbst Exbischöfen steht die Sonderhaltung der Hände im Todesfall ein für alle Mal zu. Das letzte Wort, sein letzter Sieg.

DYLAN THOMAS (1914–1953)

Ob der Waliser Literat ein Genie war, ist Ansichtssache. Mit Sicherheit ist Dylan Thomas ein hochtalentierter Poet gewesen, ein Lyriker, der Natur, Liebe und Tod besang, ein Meister der Sprache und ihres Rhythmus. Aufgeführt hat er sich jedoch wie ein verwahrlostes Genie. »Er war angezogen wie ein Penner«, erinnerte sich ein Freund, »sah aus wie ein Chorknabe, redete wie ein Bolschewik, soff wie ein Loch und rauchte, als wolle er für den Krebs Werbung machen.« Seine Stimuli waren bitteres Bier und schottischer Whisky, pur, versteht sich. Das alkoholische Delirium war ihm nicht fremd. Nebenbei betrog er seine irische Ehefrau so gut es ging. Dieser aparten Caitlin Macnamara hatte Thomas vor der Hochzeit seine vier Lebensregeln beigebracht: »Kein Geld, ziemlich betrunken, keine Zukunft, keine Treue.«

Konsequenterweise ließ Caitlin ihren versoffenen Ehemann deshalb im Herbst 1953 allein nach New York fliegen. In diesem »sehr lauten, wahnsinnigen Zentrum des letzten wahnsinnigen irdischen Imperiums« (Thomas) wollte er ordentlich Dollars für den ungemütlichen walisischen Winter abgreifen und seinem Stück »Unter dem Milchwald« auf die Bühne helfen. *Under Milk Wood* ist ein »Spiel für Stimmen«, eigentlich eine romantische Radiokomödie. Sie findet noch immer ihr begeistertes Publikum.

Der Autor ging vor dem Welterfolg von dannen. »Ich muss was trinken«, verkündete er an einem Spätnachmittag seiner amerikanischen Geliebten Liz und verschwand allein in einer Bar. Eineinhalb Stunden später torkelte er in sein Zimmer im Chelsea Hotel und lallte:

>*Ich habe 18 Gläser Whisky pur getrunken.
Ich glaube, das ist der Rekord.*«

Der 39-Jährige fiel ins Koma, den »tiefen Schlaf« der alten Griechen, aus dem es kein Erwachen gibt. Fünf Tage später war er tot.

HENRY DAVID THOREAU (1817–1862)

Die schönen Laubwälder, das klare Wasser, die stolzen Tiere und die ewige Einsamkeit des Menschen in den Weiten Nordostamerikas hatten es diesem Neubürger angetan. Er wollte partout nicht als Lehrer arbeiten, dabei hatte man ihn gerade dafür am Harvard College in Cambridge ausgebildet. Schon als 20-Jähriger machte er sich auf die Wanderschaft, entschlossen, der puritanischen Strenggläubigkeit Lebewohl zu sagen. So wurde Henry D. Thoreau aus Concord bei Boston einer der ersten und einer der bedeutendsten amerikanischen Naturschriftsteller, ein Idealist ohne Feuerwasser, Büchse und Bärenfell. *Walden, or Life in the woods* wurde sein berühmtestes Buch. Es erzählt vom Leben in einer selbst gezimmerten Blockhütte am See.

Nach seinem frühen Tod durch Lungentuberkulose erschien sein Gesamtwerk in elf Bänden, und noch immer hat der grüne Poet in den USA sein Publikum. Er war ein sanfter, anständiger Mann. Auf dem Sterbebett fragte ihn der Pfarrer, ob er seinen Frieden mit Gott gemacht habe. Der Dichter, dessen ganzes Werk Gottes Schöpfung preist, antwortete leicht indigniert:

>*Ich habe nie mit ihm gestritten.*«

~

LEO TOLSTOI (1828–1910)
war sein ganzes Leben lang auf der Suche nach dem Sinn des menschlichen Daseins. Der wohlhabende Graf aus altem Adel, verwandt mit vielen Großen des russischen Reiches, wollte aber nicht nur theoretisch über Arbeit, Armut und die sozialen Probleme im Bilde sein. Er, der sich zunehmend zu den Ideen des Urchristentums, der Gewaltlosigkeit und deshalb des Anarchismus hingezogen fühlte, wollte mittendrin sein im wirklichen Leben, nicht nur dabei. Deshalb übte er sich in persönlicher Bescheidenheit, arbeitete als Schuster und suchte die Existenz seiner Untergebenen human zu gestalten. Seine späten Jahre wurden überschattet von massiven Ehekonflikten. Seine Ehe-

frau Sophia war eine schwere Hysterikerin, patho-
logisch und grundlos eifersüchtig auf ihren uralten
Mann. Deshalb beschloss der Graf im 83. Lebensjahr,
diese Heimsuchung und sein Gut für immer hinter sich
zu lassen. Ziellos bestieg er im nasskalten Oktober
1910 die Eisenbahn, nur begleitet von seinem Freund,
dem Hausarzt. Er wollte tun, »was alte Leute von meiner Existenz zu tun pflegen: sie verlassen die weltliche
Existenz, um die letzten Tage ihres Lebens in Einsamkeit und Frieden zu verbringen.« Am zweiten Tag des
Aufbruchs, in einem Eisenbahnabteil dritter Klasse,
holte sich der Reisende eine Lungenentzündung. Auf
der entlegenen Bahnstation Astapovo bettete man ihn
im größten Zimmer des rot gestrichenen Holzhäus-
chens des Bahnwärters. Er wusste, dass nun alles vorbei war. »Das ist das Ende und nitschewo«, sagte er
noch. Nitschewo – das macht nichts. Seine allerletzte
Frage:

»Wie sterben eigentlich die Bauern?«

HENRI DE TOULOUSE-LAUTREC (1864–1901)
Der französische Graf, dessen Geschlecht auf Karl den
Großen zurückgeführt wird, war wie kein zweiter
Maler seiner Zeit dem Laster, den Artisten und den
Armen nahe. Seine mehr als 500 meist impressionis-

tischen Gemälde und mehr als 3000 Handzeichnungen entstanden oft in den Vergnügungsstätten von Paris, auf dem Montmartre, häufig in Bordellen. Mehrfach nahm der hochbegabte Künstler dort auch Wohnung, den käuflichen Mädchen und dem Trunk verfallen. Schon als Kind hatte sich der geistreiche, großzügige Südfranzose beide Beine gebrochen. Er litt an einer unheilbaren Knochenkrankheit, seine Eltern, die sich bald nach seiner Geburt trennten, waren nahe Blutsverwandte, Cousin und Cousine. So blieb der Nachfahre von Kreuzrittern und adligen Rabauken kleinwüchsig. Bei den Unterprivilegierten und den Außenseitern der Gesellschaft suchte und fand er Trost. Öffentliche Ehren waren ihm gleichgültig, sie blieben zu seinen Lebzeiten auch aus. Treu und anhänglich zeigte sich seine Mutter. Als 33-Jähriger erlitt der Maler einen ersten Anfall von Säuferwahnsinn (Delirium tremens). Seine Mutter, Gräfin Toulouse-Lautrec, holte ihn auf ihr Schloss Malromé bei Bordeaux. An seinem Sterbebett ließ sich auch sein Vater, ein Jäger, nach jahrzehntelanger Entfremdung blicken. »Ich habe es ja gewusst, Papa, dass Sie das Halali nicht versäumen würden«, begrüßte ihn ironisch sein sterbender Sohn. Im letzten Wort wandte sich Henri de Toulouse-Lautrec klaren Sinnes an seine geliebte Mutter:

»Mama, nur Sie!
Sterben ist verdammt schwer.«

GEORG TRAKL (1888–1914),
Autor von *Der Herbst des Einsamen*, tötete sich als
Soldat in Krakau mit einer Überdosis Kokain. Der
Frühexpressionist und Sanitätsoffizier ertrug das
Grauen des Ersten Weltkriegs nicht und nicht die
Trennung von seiner Schwester Margarethe. Mit der
fünf Jahre Jüngeren verband den österreichischen
k.u.k.-Militärapotheker eine inzestuöse Liebe. Ihr gal-
ten die schwermütigen Zeilen:

»Wo du gehst wird Herbst und Abend ...
Die Schwermut über deinen Augenbogen ...
Sterne suchen nachts, Karfreitagskind,
Deinen Stirnenbogen.«

Margarethe schied drei Jahre später aus dem Leben.

B. TRAVEN (1890?–1969)
Der geheimnisvolle und höchst erfolgreiche Schrift-
steller (*Das Totenschiff, Der Schatz der Sierra Madre,
Die Rebellion der Gehängten*) war ein Meister der
Camouflage. Er nannte sich – unter anderem – Ret
Marut, Richard Maurhut, Hal Croves, und beerdigt
wurde er nach einem abenteuerlichen Leben in Mexiko
als Traven Torsvan Croves, geboren in Chicago. Das

kann, muss aber nicht stimmen. Die kühnste Spekulation besagt: B. Traven sei ein außerehelicher Sohn des späteren deutschen Kaisers Wilhelm II. mit der irisch-amerikanischen Schauspielerin Helene Mareth gewesen und in Wahrheit 1882 geboren. Als illegitimer Hohenzollern-Sprössling habe er keine finanziellen Sorgen gekannt, sei aber, obwohl Theologiestudent, vom steinigen Pfad der Tugend abgekommen und 1902 wegen »unsittlicher Handlungen« inhaftiert worden. Wie auch immer: Sicher ist, dass der schillernde Künstler seit 1908 in Deutschland als Schauspieler, Tänzer und Regisseur arbeitete, am liebsten in Bayern, dass er die anarchistische Zeitschrift *Der Ziegelbrenner* herausgab und im Frühjahr 1919 aktiv in der revolutionären Münchner Räterepublik mitwirkte. Er war Vorsitzender und Sprecher der »Vorbereitenden Kommission zur Bildung des Revolutions-Tribunals«. Aus dem Tribunal wurde nichts. Nach seiner Verhaftung konnte er mit knapper Not vor einem Standgericht und »der Blutgier der königlich wittelsbacher Sozialdemokraten« fliehen.

So eifrig in den folgenden Jahrzehnten seine Genossen, später auch die Leser und Literaturhistoriker, nach dem Bestsellerautor suchten, der Räte-Anarchist blieb verschwunden. Es war, als habe sich seine eigene Prophezeiung – »Die Räterepublik ermöglicht die Liquidation des Staates« – an ihm selbst verwirklicht. In Wahrheit lebte der Künstler ganz zufrieden, ziemlich wohlhabend und unerkannt als naturalisierter Mexikaner in Mexiko, fast fünf Jahrzehnte lang. »Mein Leben gehört mir allein, nur meine Bücher gehören der Öffentlichkeit.« Als er hochbetagt – mit 78?, mit 87? – an Altersschwäche starb, erlaubte er seiner Frau:

> *»Du kannst der Welt offenbaren, dass ich Ret Marut war, der bayerische Anarchist.«*

LEO TROTZKI (1879–1940)

Er war einer der einflussreichsten und berühmtesten russischen Kommunisten und Weltrevolutionäre, Lenins engster Mitkämpfer, Organisator der bolschewistischen Oktoberrevolution und Gründer und erster (oft gnadenloser) Führer der sowjetischen Roten Armee. Nebenbei entwickelte er noch ein eigenes Lehrgebäude, die Theorie der »Permanenten Revolution«. Die Schriften des talentierten Autors rekrutieren viele Jahrzehnte nach seiner Ermordung noch immer junge »Trotzkisten« in aller Welt. Die haben allerdings nirgendwo nennenswerten Einfluss, vor allem deshalb, weil zum Trotzkismus der parteiinterne Streit und die Spaltung gehören. Trotzki selbst, als jüdischer Bauernsohn in Südrussland unter dem Namen Leib Bronstein geboren, war auch kein besonders verträglicher Charakter. Während seiner Karriere als Berufsrevolutionär, die er als 20-Jähriger begann und die ihn erst in die Verbannung nach Sibirien und dann um die halbe Welt führte, überwarf er sich zeitweise mit Lenin und dauerhaft mit Stalin. Das war sein Tod. Stalin, der nichts vergaß und nichts vergab, drängte Trotzki nach Lenins Tod (1924) erst aus der Regierung, dann aus der kommunistischen Partei, am Ende aus dem Land. Seit 1937 lebte der Rivale in Mexico City, gut bewacht von seinen Parteigängern, jedoch hilflos gegenüber einem langzeitig herangespielten spanischen Agenten des stalinistischen Geheimdienstes NKWD. Dieser Ramon Mercader (Deckname »Gnom«) besuchte Trotzki unter dem Vorwand publizistischer Nothilfe im Dienst der guten Sache. Unter dem Mantel trug der 26-Jährige einen Eispickel, einen Dolch und eine Pistole. Von hinten schlug Mercader dem 61-jährigen Trotzki mit voller Wucht den Eispickel auf den Kopf, traf ihn jedoch nicht tödlich. Trotzki schrie und wehrte sich handgreiflich. Auf der Bahre im Krankenhaus von Mexico City diktierte er sein politisches Testament: »Ich glaube an den Sieg. Kämpft weiter!« Als die Krankenschwestern ihn für die erforderliche Notoperation ausziehen wollten, sagte er zu seiner Ehefrau Natalja auf Russisch:

> *»Sie sollen mich nicht entkleiden.*
> *Ich will, dass du mich ausziehst.«*

Dann verlor Leo Trotzki, der letzte große Weltrevolutionär, die Besinnung. 24 Stunden später starb er. 300 000 Mexikaner erwiesen ihm am Sarg die letzte Ehre.

~

Anton Pawlowitsch Tschechow
(1860–1904)

war nicht nur der beeindruckendste, die Zeiten überdauernde russische Dramatiker (*Die Möwe, Onkel Wanja, Die drei Schwestern, Der Kirschgarten*), er war auch ein talentierter Arzt und Sozialhygieniker, ein großzügiger Helfer der armen Bauern und, seit seinem 24. Lebensjahr, ein dem frühen Tod anheimgegebener Patient. Der Südrusse, später in und bei Moskau wohnhaft, litt an Lungentuberkulose und Blutstürzen. Dagegen gab es seinerzeit kein ursächlich wirkendes Medikament. Tschechow sucht Hilfe durch Klimawechsel. Er reiste zur Wintersaison ans Schwarze Meer und in die gelobten Kurorte Westeuropas. Seine letzte Reise führte ihn über Berlin, wo er vergeblich eine ärztliche Kapazität konsultierte, in Begleitung seiner Frau Olga Knipper nach Badenweiler, einem Heilbad am Rande des Südschwarzwaldes, das schon die alten Römer geschätzt hatten. Dem todkranken Dichter konnte niemand mehr helfen. In einer heißen Juninacht riet sein Arzt Dr. Schwörer dem Fiebernden zu einem Glas Champagner. Das galt seinerzeit als diskrete Geste – der Arzt signalisierte so das Ende seiner Kunst. Der Dichter verstand. »Ich sterbe«, sagte der Kranke auf Deutsch. Dann trank Dr. Tschechow das Glas in Ruhe aus.

> *»Ich habe so lange keinen Champagner*
> *mehr getrunken.«*

Er drehte sich auf die linke Seite, nahm die Hand seiner Frau und schloss die Augen für immer. Mit ihm endete das Goldene Zeitalter der russischen Literatur.

MARK TWAIN (1835–1910)

»Im Leben braucht man nur Unwissenheit und Vertrauen. Dann«, schrieb Mark Twain, »ist der Erfolg stets gesichert.« Mag sein. Dafür spricht vieles. Der amerikanische Schriftsteller hielt sich jedoch privat genau an das Gegenteil: Intelligenz und Misstrauen, getarnt durch Charme. Kein zweiter Humorist der Neuen Welt hat das 19. Jahrhundert mit so vielen Geschichten, Aphorismen und Pointen verschönt. Dazu schrieb er auch noch die unsterblichen (Kinder-) Bücher über zwei Knaben vom Mississippi: Huckleberry Finn und Tom Sawyer. An diesem mythischen amerikanischen Strom hat Samuel Langhorn Clemens seinen Künstlernamen Mark Twain erfunden und drei Jahre als Lotse richtig gearbeitet. Die folgenden fünf Jahrzehnte vertändelte er aufs Angenehmste als Journalist, Festredner, Goldgräber und Weltreisender.

Entgegen seinen Erwartungen erreichte der starke Zigarrenraucher ein hohes Alter. Als er in London in einer amerikanischen Zeitung las, er sei verstorben, telegrafierte er: »Die Nachricht von meinem Tode ist zumindest stark übertrieben.« Twain kehrte in die USA zurück und seine Tochter Clara kümmerte sich um ihn. Twains Skeptizismus nahm zu. »Es gibt keinen traurigeren Anblick als einen jungen Pessimisten – mit Ausnahme eines alten Optimisten.« Den ersehnten Vorbeiflug der Halleyschen Kometen verpasste er um wenige Stunden. Von seiner Tochter verabschiedete er sich:

»Auf Wiedersehen ... falls wir uns wiedersehen.«

PETER USTINOV (1921–2004)
Der Schauspieler, Autor, Regisseur und Kosmopolit war ebenso großzügig wie erfolgreich. Er hat in seinem langen Leben viel Gutes getan, konnte aber – obwohl Millionär – nicht allen, die ihm persönlich nahe standen, etwas hinterlassen. Nur diesen schönen Tipp:

»Wer in einem Testament nicht bedacht wird, sollte bedenken, dass ihm die Erbschaftssteuer erspart bleibt.« So war er, der Menschenfreund Peter Ustinov, den die englische Königin zum Ritter schlug. Er ging heiteren Sinnes durchs Leben und aus der Welt, denn: »Es hat wenig Sinn, der reichste Mann auf dem Friedhof zu sein.« Die Bonmots über Sterben und Tod ziehen sich durch Sir Peters gesamtes Œuvre, durch Filme, Bücher und die berühmten One-man-Shows.

Weil er in fünf Sprachen parlierte (und in einigen anderen radebrechte), galten für den gebürtigen Engländer – der Vater war Russe und Deutscher, die Mutter Französin – keine Ländergrenzen. Seine zwei Oscars bekam er für Hollywoodfilme (*Topkapi*, *Spartacus*), die anderen Ehrungen galten dem UNICEF-Botschafter, der Kindern in aller Welt half. Die letzten drei Monate seines ereignisreichen Lebens verbrachte er in einer Genfer Klinik, unheilbar an Krebs erkrankt. Am Abend seines Todes verabschiedete er sich:

»Je meurs.« –
Ich sterbe.

Auf seinem Grabstein, so hatte er mit dem UNO-Generalsekretär Kofi Annan gescherzt, solle stehen: »Please keep off the grass.« (»Bitte den Rasen nicht betreten.«)

～

KURT WEILL (1900–1950) UND
LOTTE LENYA (1898–1981)

Seit Jahrhunderten ist jeder große Komponist unsterblich; es gibt ja die Notenschrift. Gesangskünstler, mögen sie noch so hinreißend gewesen sein, kamen und verwehten wie der Wind; erst im 20. Jahrhundert entstand die Phonoindustrie. Nun sind beide für immer vereint, Komponisten und Interpreten gleichermaßen auf ewig unter den Lebenden. So auch der berühmte Tonsetzer Kurt Weill (*Die Dreigroschenoper*; *Aufstieg und Fall der Stadt Mahagonny*; *Die sieben Todsünden*) und seine kapriziöse Ehefrau Lotte Lenya, die Sängerin. Sie machte seine Lieder zu ihren eigenen. »Ihre Wiedergabe ist endgültig«, schrieb ein Kritiker, »alle früheren Fassungen bilden ein Gerüst und alle nachfolgenden allein eine Reminiszenz.«

Die beiden waren ein sehr ungleiches Paar. Er entstammte einem streng bürgerlichen Haus, sein Vater war Kantor der jüdischen Gemeinde von Dessau in Sachsen-Anhalt. Sie war ein Kind des Wiener Subproletariats, Seiltänzerin beim Zirkus, in ganz jungen Jahren schon aus Liebe und Not promisk, denn »wie man sich bettet, so liegt man«. Damals hieß Lotte Lenya noch Karoline Wilhelmine Blamauer. 1921 taufte sie sich um. Die Zeiten spülten die arbeitslose Tänzerin, Schauspielerin und Sängerin in das Berlin der »goldenen« zwanziger Jahre, Bertolt Brecht und seinen Freuden in die Arme. Als sie den hochbegabten und »sehr, sehr schüchternen« Kurt Weill (so Lotte

Lenya später) über einen brandenburgischen See ruderte, war es um den jungen Mann geschehen. Die beiden heiraten. Lotte Lenya singt die Seeräuberjenny in Brecht/Weills *Dreigroschenoper*: »Und wenn dann der Kopf fällt, sage ich … hoppla!«

Die Sängerin blieb kühl und sehr sexy; der Komponist hatte Mühe, den Kopf oben zu behalten. Glücklicherweise minderte das tumultöse Privatleben nicht seine Schaffenskraft. In den zwanziger Jahren komponierte er seine unsterblichen Lieder. Manche wurden Jahrzehnte später Gassenhauer: »Und der Haifisch, der hat Zähne und die trägt er im Gesicht« (mit dem Jazztrompeter Louis Armstrong). Als Brecht immer linksorthodoxer wurde, kündigte Kurt Weill ihm die Partnerschaft: »Ich habe keine Lust, das ganze ›Kapital‹ zu vertonen.« Seine Freundschaft kündigte der bebrillte, früh glatzköpfige Komponist niemandem, denn er war ein herzensguter, großzügiger, gelegentlich melancholischer, uneitler Mann. Lotte Lenya, obwohl 1933 von Weill geschieden, verhalf ihrem jüdischen Exmann noch rechtzeitig zur Flucht vor den Nazis. In Amerika heiratete das merkwürdige Paar wieder. Doch die großen Zeiten waren vorbei. Weill, sein Leben lang arbeitsam, komponierte für den Broadway. Er wurde wieder Millionär, ertrug die Amouren von Lotte, die sich langweilte. Mitte März 1950 erlitt der gerade 50-jährige Weill einen Herzinfarkt. Im Krankenhaus, unter dem Sauerstoffzelt, war er guter Dinge.

»Schreib das Textbuch zu Ende«,

ermahnte er den Librettisten von *Huckleberry Finn,*
seinem nächsten Projekt,

»ich will daran arbeiten.«

Dann traf ihn der zweite Infarkt. Er war tödlich.

Seine Witwe Lotte Lenya hat in den ihr verbleiben-
den drei Jahrzehnten das Œuvre Weills belebt und für
die Nachwelt gerettet. Ihre Schallplattenaufnahmen aus
jenen Zeiten sind große, unvergängliche Kunstwerke.
Weil sie nebenbei noch fünfmal heiratete – darunter
drei Homosexuelle, von denen zwei Alkoholiker waren – und etliche Affären hatte, sind ihre letzten Worte
ein berührendes Memento der Sterbenden. Infolge
ihrer Krebserkrankung zum Skelett abgemagert, aber
mit geschminkten Lippen, flüsterte sie mit geschlossenen Augen die Vornamen vieler Männer, darunter:

»Paul ... Richard ... Schorschi ... Russell ...
Toni ... Kurt ... Kurti ... Kurtchen ...«

OSCAR WILDE (1854–1900)
Der Literat war ein Ästhet und dekadenter Dandy,
der von sich sagte: »Ich kann auf alles verzichten, nur

nicht auf Luxus.« Er starb jung und in Armut, nichts hinterlassend als Schulden und unsterbliche Bonmots. Über die Tapete in seinem Sterbezimmer im Pariser Hotel Alsace scherzte der gebürtige Ire: »Einer von uns beiden muss weichen, die Tapete oder ich.« Dann orderte er Champagner (auf Pump), obwohl er den Rest seiner Gesundheit durch Absinth ruiniert hatte – und durch die Syphilis. Weil der frivole Spötter erkannt hatte, dass der »Katholizismus die einzige Religion ist, mit der man sterben kann«, machte sich einer seiner letzten Liebhaber, eine »amour fatal«, auf die beschwerliche Suche nach einem gnädigen Priester. Er fand Pater Cuthbert Dunne vom Orden der Passionisten, ein Ire wie Wilde, der, geboren in Dublin, außer Oscar auch noch Fingal und mit drittem Vornamen sogar O'Tlahertie hieß. Der Geistliche spendete ihm die katholische (Not-)Taufe und die Letzte Ölung. Auch hielt er einen anderen Wilde-Freund, den »Cherub mit dem Flammenschwert, der mir den Eintritt ins Paradies verwehrt«, im engen Hotelzimmer auf Distanz. Der Dichter fieberte, eine eitrige Hirnhautentzündung ließ ihn immer wieder ins Delirium fallen. Zwischendurch erkannte er, dass »die katholische Kirche etwas für Sünder und Heilige ist, für Biedermänner reicht die anglikanische Kirche«.

Ein Sünder war er, das ist wahr. Im viktorianischen England warf man dem populären Bühnenautor (*Salomé*) und Romanautor (*Das Bildnis des Dorian Gray*) – beides vom Zensor verboten – wegen homosexueller

Unzucht für zwei Jahre ins Zuchthaus. Der Verdacht auf Sodomie wurde fallen gelassen. Die Strafverfolgung tat seiner Popularität kaum Abbruch. »Ich bin so berühmt wie der Eiffelturm«, fand er im letzten Lebensjahr. Obwohl andererseits: »Jedem Erfolg haftet etwas Vulgäres an.« Bedauerlicherweise zahlten sich die Erfolge nicht in barer Münze aus. Dem Verschwender blieben die Gläubiger lebenslang auf den Fersen. »Früher dachte ich, Geld sei das Wichtigste im Leben. Heute, da ich alt bin, weiß ich: Das stimmt.« Am Sterbebett wachten Freiwillige. Einer wollte ihm ein Senfpflaster auf die Fußsohle kleben. Das mochte Wilde nicht auch noch ertragen. »Du hättest Arzt werden sollen, weil du die Leute dauernd zu etwas bewegen willst, was sie nicht wollen.« Er starb ohne Senfpflaster. Es hätte ohnehin nichts genutzt.

Nach Champagner und einer vorgetäuschten Morphiuminjektion wurde Oscar Wilde ein letztes Mal heiter und wieder ironisch:

>*»Ich sterbe, wie ich gelebt habe –*
>*über meine Verhältnisse.«*

～

WILHELM II. (1859–1941),
preußischer König und deutscher Kaiser. Ihm widerfuhr das Unglück seines Lebens (und mittelbar das

seiner Epoche) schon am Tag der Geburt. Er war der erste Sohn des späteren 99-Tage-Kaisers Friedrich III., seine Mutter wurde deshalb vor Zeugen entbunden, unter der Bettdecke. Wilhelm war eine sogenannte Steißlage, weshalb der energische Geburtshelfer das Baby blind im Geburtskanal wendete. Dabei zerriss er den Nervenstrang, der den linken Arm steuert: Wilhelm war vom Tag der Geburt an ein Krüppel (so nannte man zu seiner Zeit ganz offiziell die Behinderten), der linke Arm blieb kleiner und kraftlos. Und das in einer Zeit des dekorativen Militarismus, als höchster General und Admiral des Deutschen Reiches, als Reiter, Jäger, Staatsgast. Das persönliche Desaster wurde durch eine elitäre Erziehung und drakonisches Körpertraining noch verschlimmert, wodurch sich der Hohenzoller zum Schwadroneur von schwachem Verstand entwickelte, was wohl auch durch einen zusätzlichen Sauerstoffmangel während seiner Geburt begünstigt wurde. Als Herrscher im Deutschen Reich regierte er nach innen unstet, nach außen riskant und angeberisch. Er war launisch und eitel, manchmal wechselte er pro Tag mehr als zehnmal die Garderobe. Als die Niederlage Deutschlands im – auch von Kaiser Wilhelm leichtsinnig in Gang gesetzten – Ersten Weltkrieg unabwendbar wurde, mochte er nicht an der Spitze seiner Truppen im Kampf fallen, sondern flüchtete in einem Salonwagen in das Exil nach Holland. Dort lebte er noch 23 Jahre. Sein alltägliches Fitnessprogramm – Wilhelm fällte und zersägte unermüdlich

Bäume – konnte das Altern nicht aufhalten. Der kleine Hofstaat in Doorn versuchte den alten Herrn bei Laune zu halten, auch seine zweite Ehefrau mühte sich, die zunehmende Hinfälligkeit zu bagatellisieren. Wilhelm II. litt an Gedächtnisstörungen, die ungleichen Arme schmerzten, und der Durst war ihm auch abhandengekommen. Durchblutungsstörungen im Kopf und im Brustkorb zwangen ihn 1941 aufs Krankenlager. Der behandelnde Arzt Dr. von Ortenburg hat die finalen Bemerkungen des alten Herrn überliefert, ausgelöst durch Sauerstoffmangel im Gehirn:

»Ich versinke, ich versinke.«

So ging mit Wilhelm dem Letzten nach gut tausend Jahren in Deutschland auch die Monarchie unter.

KAROL WOJTYLA (1920–2005)

Als Johannes Paul II. war der Pole 26 Jahre lang Papst in Rom – fromm, vital, energisch und in Glaubensfragen konservativ. Er destabilisierte erfolgreich die kommunistische Herrschaft in Osteuropa, ernannte mehr katholische Christen zu Seligen und Heiligen als alle seine 263 Vorgänger zusammen und besuchte auf Pastoralreisen 104 Länder der Erde.

Nahezu 15 Jahre litt er an Morbus Parkinson, einem Nervenleiden. Die Krankheit, bei der unbeeinflussbar Nervenzellen im Gehirn und Rückenmark zugrunde gehen, führt zu Muskelzittern, Gangstörungen und am Ende zu einer Atemlähmung. Der Papst übte sein Amt auf Erden bis ganz zuletzt aus, denn: »Jesus ist auch nicht zurückgetreten.« An seinem Sterben ließ der Pontifex maximus (wörtl.: oberster Brückenbauer) die Welt teilhaben. Am Krankenlager in seiner Vatikanwohnung brannte nur eine kleine Kerze. Vier polnische Geistliche feierten dort die Heilige Messe. Papst Johannes Paul flüsterte auf Polnisch seinen letzten Wunsch:

»Lasst mich ins Haus des Vaters gehen.«

~

EMILIANO ZAPATA (1879–1919)

Dem Bild vom wilden Mexikaner hat dieser schnauzbärtige Macho aus dem Süden des Landes Farbe und Leben gegeben: Als Rebellengeneral (vorher war er Maultiertreiber) trug er nur breitkrempige Hüte, stets zwei Pistolen und niemals Schulterstücke. Er ritt am liebsten auf einem Schimmel vorneweg, denn das Leben im Sattel schien ihm die einzig mögliche Existenzform. Fast zwei Jahrzehnte machte der charismatische Guerillero als »Caudillo« (Führer) mit seinen »Zapatistas« das Land unsicher. Der Kampf um die gerechte Verteilung von Grund und Boden richtete sich gegen die Besitzer der riesigen Latifundien. Zapatas landlose Gesellen, gut zu Pferde, tapfer im Kampf, kontrollierten in den erfolgreichen Jahren 1912–1914 große Teile des armen mexikanischen Südens. Der Feind – unterstützt von Kirche, Kapital und den Vereinigten Staaten von Amerika – war jedoch besser aufgestellt und hatte auch den längeren Atem. Zapata wurde in einen mörderischen Hinterhalt gelockt. Ein Oberst der regulären Armee bot dem Bauernführer Frieden und ein Bündnis an und empfing den »General en jefe« (Oberbefehlshaber) der Rebellen und seine zehn Begleiter mit einer Ehrengarde. Trompeter bliesen den Salut. Als Emiliano Zapata abgesessen war und nun zu Fuß das Tor erreichte, eröffneten der Oberst und seine Soldaten aus nächster Nähe das Feuer auf den breitschultrigen Bauernführer. Er war sofort tot. Vorher hatte er seinen Zapatistas eine revolutionäre Grundregel eingeschärft:

»Besser im Kampf zu sterben
als ein Leben als Sklave!«

Ulrich (auch: Huldreich) Zwingli
(1484–1531)

Zu Beginn seiner Karriere war der Schweizer Feldprediger so papsttreu, dass ihm der Heilige Vater eine lebenslange Ehrenpension – 50 Gulden pro Jahr – spendierte. Am Ende seines Lebens erschlugen ihn die Katholiken in offener Schlacht, denn der Gottesmann hatte die reformierte Kirche gegründet, außerdem das Zölibat für sich aufgehoben und eine (ältere) Witwe geheiratet. Am schlimmsten wog, womit der wortmächtige Geistliche in der allein selig machenden katholischen Kirche alles aufgeräumt hatte: mit der heiligen Messe, dem Orgelspiel, dem Gemeindegesang, den Heiligenbildern und Prozessionen, sogar der Letzten Ölung. Im Großmünster von Zürich predigte Zwingli gegen die päpstlichen Ablasskrämer (»Wenn das Geld im Beutel klingt, die Seele aus dem Feuer springt«). Abends schrieb der Reformator – sein deutscher Bruder Martin Luther mochte ihn nicht leiden – auf Deutsch eine kesse Broschüre gegen das katholische Fastengebot.

Ulrich Zwingli mischte ganz offen reformierte Religion und kommunale Politik. Deshalb gab er es auch als Gottes Willen aus, dass die fünf katholisch gebliebenen Schweizer Urkantone Uri, Schwyz, Unterwalden, Zug und Luzern durch die Gewalt der Zürcher Waffen auf den rechten reformierten Weg geführt werden müssten. Bei Kappeln, einem Dorf unweit von Zürich, kam es zur Schlacht. Das Kriegsglück war auf

Seiten der Katholiken. Der reformierte Feldprediger fiel. Sein letzter Trost:

> *»Sie können den Leib töten,*
> *aber nicht die Seele.«*

Den toten Leib verbrannten die Urkantönler sicherheitshalber am nächsten Tag unter geistlichem Beistand auf einem traditionellen Scheiterhaufen. Zwinglis Asche wurde in den Wind gestreut. Zürich blieb reformiert, die Urkantone katholisch – bis heute.

Was ich noch sagen wollte

Ein Buch wie dieses schöpft aus vielen Quellen – Biografien, Briefen, Akten. Aber es käme nicht zustande, wenn nicht Beistand von Lebenden auf ganz unterschiedliche Weise geholfen hätte, das letzte Wort der Toten vor dem Vergessen zu bewahren. Ich bin vielen zu Dank verpflichtet, namentlich Franziska Augstein, Thomas Bonnie, Hans Jürgen Degen, Erdmut und Ulrich Esche, Heinz Felfe, David Kaufmann, Rolf S. Müller, Jürgen Petermann, Hildegard Petsch-Piantieri, Horst Rieck und Rainer Staudhammer. Ich danke auch meiner Frau Regina, die fast immer das letzte Wort hat.

~

Inhalt

Gila Lustiger

»Ein Buch, das mich begeistert, weil es mich an Saint-Exupérys kleinen Prinzen und an Michael Endes Momo erinnert.« Denis Scheck, ARD, druckfrisch

Gila Lustiger
Herr Grinberg & Co.

Eines Abends entdeckt Herr Grinberg das Nachbarskind Paul durchfroren und erschöpft auf einer Parkbank. Er trägt ihn nach Hause und erfährt, warum Paul ausgerissen ist: Seine geliebte Großmutter liegt im Sterben. Alle überlegen, wie man Paul helfen kann, auch seine ausgekochte Freundin Mathilda, die zu allem eine unerschütterliche Meinung hat. Sie beschließt, dass Herr Grinberg Pauls Großmutter ersetzen muss …

»Gila Lustigers Roman tut nicht nur so, sondern ist tatsächlich: eine Geschichte vom Glück. Eine, wie es sie in dieser Form, in dieser Leichtigkeit und dabei Tiefe, lange nicht zu lesen gab.« Literarische Welt

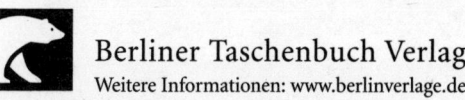

Berliner Taschenbuch Verlag
Weitere Informationen: www.berlinverlage.de

Paul Torday

»*Ein Gesellschaftsroman, kräftig und reichhaltig wie ein guter Bordeaux. Dunkel leuchtend und lockend.*« Neon

Paul Torday
Bordeaux

Frankie Wilberforce, Anfang dreißig, IT-Unternehmer, Single, weiß genau, was er will. Bis er sich verführen lässt. Er verliebt sich, er kauft einen Weinkeller, er genießt das pralle Leben. Doch dann fällt er umso tiefer … *Bordeaux* ist ein mitreißender Roman über Obsessionen, Sucht, Loyalität und die unglaubliche Kraft des Zufalls.

»Torday erzählt spannend und poetisch. Ein Roman, den man, wie eine gute Flasche Bordeaux, ziemlich bald beenden muss, wenn man sie erst geöffnet hat.« *NDR*

Berliner Taschenbuch Verlag
Weitere Informationen: www.berlinverlage.de

Shalom Auslander

»*Ein furioser Roman.*« Der Spiegel

Shalom Auslander
Eine Vorhaut klagt an

»*Eine Vorhaut klagt an* ist ein ketzerisches, ein politisch wahrscheinlich irgendwie unkorrektes Buch, das auch im Deutschen nichts vom Feuer seiner von Zorn und Entrüstung entfachten Prosa verliert.« *FAZ*

»Ein respektloses, unglaubliches ›Ätsch‹ gen Himmel.« *Cosmopolitan*

Berliner Taschenbuch Verlag
Weitere Informationen: www.berlinverlage.de